中财经税收实务指南系列丛书

社会保险费征收和征管指南

主　编：张冬梅

副主编：林浩钊　张新松　陈坚　陈荣　高太君

中国财经出版传媒集团

中国财政经济出版社

图书在版编目（CIP）数据

社会保险费征收和征管指南／张冬梅主编．—北京：中国财政经济出版社，2019.9

（中财经税收实务指南系列丛书）

ISBN 978－7－5095－9122－2

Ⅰ．①社…　Ⅱ．①张…　Ⅲ．①社会保险基金－征收－中国－指南
Ⅳ．①F842.61－62

中国版本图书馆 CIP 数据核字（2019）第 162200 号

责任编辑：付克华　高　波　　　　责任校对：黄亚青

封面设计：锦麒麟文化

中国财政经济出版社出版

URL：http：//www.cfeph.cn

E－mail：cfeph@cfeph.cn

社址：北京市海淀区阜成路甲 28 号　邮政编码：100142

营销中心电话：010－88191537

北京鑫海金澳胶印有限公司印装　　各地新华书店经销

787×1092 毫米　16 开　15 印张　249 000 字

2019 年 9 月第 1 版　2019 年 9 月北京第 1 次印刷

定价：50.00 元

ISBN 978－7－5095－9122－2

（图书出现印装问题，本社负责调换）

本社质量投诉电话：010－88190744

本书编委会

主　编：张冬梅

副主编：林浩钊　张新松　陈　坚　陈　荣　高太君

编　委：李新凯　聂晓霖　石桂华　张志军　张　颖
陈萍生　薛　峰　彭国强　王立志　陈晟涵
陈俊杰　徐　正　黄普济　蒙智鹏　肖少峰
王海生　柳红倩　李忠秀　季　全　马立德
王洪涛　梁宪峰　孟佑梅　郝聪颖　高　涵
杜巧玲

序 言

从 2018 年开始，社会保险费征缴管理进行了大变革。随着社会保险制度改革稳步推进和众多相关财税政策的发布，“社保入税”“社保降费”已成为耳熟能详的热词，引发了社会各界广泛的关注和讨论。

自 2019 年 1 月 1 日起，基本养老保险费、基本医疗保险费、失业保险费、工伤保险费和生育保险费等各项社会保险费交由税务部门征收，实现税费统征统管、同征同查，建立健全了职责清晰、流程规范、服务便民、管理高效的社会保险费征缴体制。社会保险费征收改革将全面提高社保资金征管效率，降低征收成本，实现社会保险费收入安全与可持续增长，让中央满意；促进地方经济持续发展，让地方满意；依法依规征收，让企业满意；保障缴费人合法权益，让人民满意。

为贯彻落实党中央、国务院关于国税地税征管体制改革的部署，稳妥有序做好社会保险费征管职责划转工作，助力于改革新政平稳落地，满足税务系统、税务师事务所、企业各专业岗位的实际工作需要，帮助大家更好地提升业务能力，2018 年下半年，在中财经文化资产管理有限公司组织策划和指导、税务信息网和广东龙达财税服务有限公司诸多专家的努力下，完成本书稿。

本书系统地讲述了社会保险费的概念特征、改革历程，对“社保入税”后征管业务中，包括用人单位、职工个人、灵活就业人员、城乡居民等各类社保缴费者如何办理参保缴费、认定、变更注销、申报、追欠处理等全流程业务进行了详细说明，使读者能详细了解社保费征缴操作实务，并针对缴费者所关注的改革要点、相关政策、影响，以及与每个人切实相关的问题进行分析解答。

在近一年的编写时间中，本书编委会成员围绕编写的整体架构和一些重难点问题各抒己见，进行了广泛讨论和深入研究。在这期间，张冬梅董事长进一步为本书的编写理清思路，有力地推动了本书编写工作。

由于水平所限，书中疏漏之处在所难免，恳请读者批评指正。

编者

2019 年 6 月

目　录

第一章

社会保险费征收改革概述

第一节　社会保险费的概念

一、什么是社会保险

社会保险是国家通过立法强制建立社会保险基金，并在一定范围内对社会保险基金实行统筹调剂，对参加劳动关系的劳动者在丧失劳动能力或失业时，给予必要的物质帮助的制度。社会保险不以营利为目的，是一种再分配制度，目标是保证物质及劳动力的再生产以及社会稳定，是国家和社会基本政策的直接体现，是维持社会政治、经济秩序稳定与经济正常发展的战略性手段，也是所有社会劳动者的一项基本权利。

在我国，社会保险是社会保障体系的重要组成部分，其在整个社会保障体系中居于核心地位，国家通过立法方式（或手段）强制（非自愿）参保对象参加的保险。社会保险对劳动者提供的是基本生活保障，只要劳动者符合享受社会保险的条件，即与用人单位建立了劳动关系，或者已按规定缴纳各项社会保险费，即可享受社会保险待遇。

社会保险作为我国的法定保险主要包括养老保险、工伤保险、失业保险、医疗保险、生育保险这 5 个险种。

（一）基本养老保险

基本养老保险是指缴费达到法定期限并且个人达到法定退休年龄后，国家和社会提供物质帮助，以保证劳动者因年老而退出劳动领域后稳定、可靠的生活来源的社会保险。基本养老保险由 3 个部分组成：职工基本养老保险、新型农村社会养老保险、城镇居民社会养老保险。基本养老保险制度在法律制度层面上实现了“城乡居民的全覆盖”。

（二）基本医疗保险

基本医疗保险是指按照国家规定缴纳一定比例的医疗保险费，在参保人因患病和意外伤害而就医诊疗，由医疗保险基金支付其一定医疗费用的社会保险制度。基本医疗保险由 3 个部分组成：城镇职工基本医疗保险、新型农村合作医疗、城镇居民基本医疗保险。基本医疗保险已从制度上实现了“覆盖城乡居民”，使全体公民实现“病有所医”。

（三）失业保险

失业保险是指国家通过立法强制实行的，由用人单位、职工个人缴费及国家财政补贴等渠道筹集资金建立失业保险基金，对因失业而暂时中断生活来源的劳动者提供物质帮助以保障其基本生活，并通过专业训练、职业介绍等手段为其再就业创造条件的制度。

（四）工伤保险

工伤保险是指劳动者在工作中或在规定的特殊情况下，遭受意外伤害或患职业病导致暂时或永久丧失劳动能力以及死亡时，劳动者或其遗属从国家和社会获得物质帮助的一种社会保险制度。

（五）生育保险

生育保险是指由国家通过立法，在怀孕和分娩的妇女劳动者暂时中断劳动时，由国家和社会提供医疗服务、生育津贴和产假的一种社会保险制度，国家或社会对生育的职工给予必要的经济补偿和医疗保健的社会保险制度。生育保险对减少就业性别歧视、改善妇女就业环境、切实保障妇女生育期间的基本权益，发挥了重要作用；同时，对计划生育、优生优育等工作也产生了积极影响【现《国务院办公厅关于全面推进生育保险和职工基本医疗保险合并实施的意见》（国办发〔2019〕10 号）提出，推进生育保险和职工基本医疗保险（以下统称两项保险）合并实施】。

二、为什么要征收社保费

社会保险计划是由政府举办，强制某一群体将其收入的一部分作为社会保险税（费），形成社会保险基金，在满足一定条件的情况下，被保险人可从基金中获得固定的收入或损失的补偿。对于这种缴费性的社会保障，资金来源主要是用人单位和劳动者本人缴纳，政府财政给予补贴并承担最终的责任。

三、社会保险有哪些特征

社会保险的纳费标准和项目待遇、保险金的给付标准等均由国家或地方政府的法律、法规统一确定，劳动者个人作为被保险人一方对于是否参加社会保险及参加的项目和待遇标准均无权自由选择与更改。

最终来说，社会保险是国家调节个人收入差距的手段。社会保险分配原则是基本生活保障的实际需要，分配政策的制定，以有利于低收入阶层为基本原则。

社会保险包含以下特征：

1. 社会保险的客观基础，是劳动领域中存在的风险，保险的标的是劳动者的人身。

2. 社会保险的主体是特定的，包括劳动者（含其亲属）与用人单位。

3. 社会保险属于强制性保险，国家通过立法，强制符合条件的用人单位与劳动者必须依法参加社会保险。劳动者在满足一定资格条件后可依法享受社会保险待遇。

4. 社会保险的目的是维持劳动力的再生产。

5. 保险基金来源于用人单位和劳动者的缴费及财政的支持。保险对象范围限于职工，不包括其他社会成员。保险内容范围限于劳动风险中的各种风险，不包括此外的财产、经济等风险。

6. 社会保险实行互助共济。按照大数法则，在整个社会的范围内统一筹集和调剂使用资金，依靠全社会的力量均衡负担和分散风险。社会保险的覆盖范围越大，抵御风险能力也越强。

7. 社会保险经办机构从事的业务活动是非营利性的。社会保险作为国家施行的一项社会事业，就是为了保障所有的国民或劳动者在遇到年老、失业、疾病、工伤、生育等各种风险时，都能从国家或社会获得一定的物质帮助，以维持基本生活，从而促使整个社会协调、稳定地发展。

四、社会保险费征缴范围

1. 基本养老保险费的征缴范围：中华人民共和国进行经营的各类企业及其职工；实行企业化管理的事业单位及其职工；以及需要缴纳保险的灵活就业人员。

2. 基本医疗保险费的征缴范围：中华人民共和国进行经营的各类企业及其职工；国家机关及其工作人员；事业单位及其职工；民办非企业单位及其职工；社会团体及其专职人员以及需要缴纳保险的灵活就业人员。

3. 失业保险费的征缴范围：中华人民共和国进行经营的各类企业及其职工；事业单位及其职工。

4. 工伤保险费的征缴范围：中华人民共和国境内经营的各类企业及其职工；事业单位及其职工；民办非企业单位、个体经济组中职工或者雇工。

5. 生育保险费的征缴范围：中华人民共和国境内经营的各类企业及其职工；国家机关及其工作人员；事业单位及其职工；民办非企业单位、个体经济组织中的已参加医疗保险统筹且未达到退休年龄的人员，以及参加医疗保险统筹的未达到法定退休年龄的灵活就业人员。

6. 省、自治区、直辖市人民政府根据当地实际情况，可以规定将城镇个体工商户纳入基本养老保险、基本医疗保险的范围，并可以规定将社会团体及其专职人员、民办非企业单位及其职工，以及有雇工的个体工商户及其雇工纳入失业保险的范围。

五、社会保险费费基、费率

社会保险费的费基、费率依照有关法律、行政法规和国务院的规定执行

（见表1－1）。①

表1－1　　社会保险费征缴范围、费基和费率一览表

种类	征缴范围	费基	费率（基本规定）
基本养老保险费	我国境内经营企业及其职工、实行企业化管理的事业单位及其职工、民办非企业单位从业人员，社会团体、基金会聘用专职人员，个体工商户及其雇主，以及需要缴纳保险的灵活就业人员。	用人单位的缴费基数为职工工资总额。	20%
		城镇个体工商户雇主为雇工缴纳基本养老保险费的缴费基数为全省上年度在岗职工月平均工资。	12%
		职工个人的缴费基数为本人上年度月平均工资（缴费基数低于全省上年度在岗职工月平均工资60%的，按60%计缴；超过300%的部分不计入缴费基数），城镇个体工商户雇工的缴费基数为全省上年度在岗职工月平均工资。	8%
		个体工商户和灵活就业人员的缴费基数为全省上年度在岗职工月平均工资。	20%
失业保险费	境内经营企业及其职工、事业单位及其职工、社会团体及其专职人员、民办非企业单位及其职工、人民政府规定应当缴纳失业保险费的有雇工的个体工商户及其雇工。	用人单位的缴费基数为职工工资总额。	2%
		个人的缴费基数为本人工资。	1%

① 摘自《社会保险费征缴暂行条例》（国务院令第259号）第三条。

续表

种类	征缴范围	费基	费率（基本规定）
基本医疗保险费	境内经营企业及其职工、事业单位及其职工、社会团体及其专职人员、民办非企业单位及其职工、国家机关及其工作人员、个体工商户和灵活就业人员。	用人单位的缴费基数为职工工资总额。	各统筹地区有所差别，一般在6%左右。
		职工个人缴费基数为本人上年度月平均工资（缴费基数低于全省上年度在岗职工月平均工资60%的，按60%计缴；超过300%的部分不计入缴费基数）。	缴费基数的2%。
		个体工商户和灵活就业人员的缴费基数为统筹地区上年度在岗职工月平均工资。	各统筹地区有所差别，可以是用人单位与职工个人费率之和。
城镇居民医疗保险费	未纳入城镇职工基本医疗保险制度覆盖范围内的在校学生、少年儿童和其他非从业城镇居民（具体由各统筹地区人民政府确定）。	按年定额征收。	
工伤保险费	境内经营各类企业、有雇工的个体工商户。	用人单位的缴费基数为职工工资总额（个人不缴纳工伤保险费）。	根据行业实行差别费率，平均费率原则上在1%左右。
生育保险费	国家机关、社会团体、企业事业单位、民办非企业单位、有雇工的个体工商户。	用人单位的缴费基数为职工工资总额（个人不缴纳生育保险费）。	不超过1%，具体费率由各统筹地区人民政府确定。

（一）基本养老保险费基、费率

1. 城镇个体工商户和灵活就业人员参加基本养老保险的缴费基数为当地上年度在岗职工平均工资，缴费比例为20%，其中8%记入个人账户，退休后按企业职工基本养老金计发办法计发基本养老金。[①]

① 摘自《国务院关于完善企业职工基本养老保险制度的决定》（国发〔2005〕38号）。

2. 自2006年1月1日起，个人账户的规模统一由本人缴费工资的11%调整为8%，全部由个人缴费形成，单位缴费不再划入个人账户。①

3. 自2018年5月1日起，企业职工基本养老保险单位缴费比例超过19%的省（区、市），以及按照《人力资源和社会保障部财政部关于阶段性降低社会保险费率的通知》（人社部发〔2016〕36号）单位缴费比例降至19%的省（区、市），基金累计结余可支付月数（截至2017年年底，下同）高于9个月的，可阶段性执行19%的单位缴费比例至2019年4月30日。具体方案由各省（区、市）研究确定。②

（二）基本医疗保险费费基、费率

基本医疗保险费由用人单位和职工共同缴纳。用人单位缴费率应控制在职工工资总额的6%左右，职工缴费率一般为本人工资收入的2%。③

（三）工伤保险费基、费率

1. 用人单位应当按时缴纳工伤保险费。职工个人不缴纳工伤保险费。

用人单位缴纳工伤保险费的数额为本单位职工工资总额乘以单位缴费费率之积。④

2. 职工（包括非全日制从业人员）在两个或者两个以上用人单位同时就业的，各用人单位应当分别为职工缴纳工伤保险费。

职工发生工伤，由职工受到伤害时工作的单位依法承担工伤保险责任。⑤

3. 根据不同行业的工伤风险程度，参照《国民经济行业分类》（GB/T4754—2002），将行业划分为3个类别：一类为风险较小行业，二类为中等风险行业，三类为风险较大行业。3类行业分别实行3种不同的工伤保险缴

---

① 摘自《国务院关于完善企业职工基本养老保险制度的决定》（国发〔2005〕38号）。

② 摘自《关于工伤保险费率问题的通知》（劳社部发〔2003〕29号）。

③ 摘自《国务院关于建立城镇职工基本医疗保险制度的决定》（国发〔1998〕44号）。

④ 摘自《中华人民共和国工伤保险条例》（中华人民共和国国务院令第586号）。

⑤ 摘自《实施〈中华人民共和国社会保险法〉若干规定》（中华人民共和国人力资源和社会保障部令第13号）。

费率。

用人单位属一类行业的，按行业基准费率缴费，不实行费率浮动。用人单位属二、三类行业的，费率实行浮动。①

自2018年5月1日起，在保持8类费率总体稳定的基础上，工伤保险基金累计结余可支付月数在18（含）至23个月的统筹地区，可以现行费率为基础下调20%；累计结余可支付月数在24个月（含）以上的统筹地区，可以现行费率为基础下调50%。降低费率的期限暂执行至2019年4月30日。下调费率期间，统筹地区工伤保险基金累计结余达到合理支付月数范围的，停止下调。具体方案由各省（区、市）研究确定。②

（四）失业保险费费基、费率

1. 城镇企业事业单位按照本单位工资总额的2%缴纳失业保险费。城镇企业事业单位职工按照本人工资的1%缴纳失业保险费。城镇企业事业单位招用的农民合同制工人本人不缴纳失业保险费。③

附注：将现行条例全国统一执行3%的固定费率修改为总费率不超过2%，具体比例由各省级人民政府规定。④

《失业保险条例（人力资源和社会保障部起草）》在2018年提请全国人大常委会审议。⑤

2. 自2018年5月1日起，按照《人力资源和社会保障部、财政部关于阶段性降低失业保险费率的通知》（人社部发〔2017〕14号）实施失业保险总费率1%的省（区、市），延长阶段性降低费率的期限至2019年4月30日。⑥

自2017年1月1日起，失业保险总费率为1.5%的省（区、市），可以将

① 摘自《关于工伤保险费率问题的通知》（劳社部发〔2003〕29号）。

② 摘自《人力资源和社会保障部、财政部关于阶段性降低失业保险费率的通知》（人社部发〔2017〕14号）。

③ 摘自《失业保险条例》。

④ 摘自《人力资源和社会保障部关于失业保险条例修订情况的说明》。

⑤ 摘自《国务院办公厅关于印发国务院2018年立法工作计划的通知》。

⑥ 摘自《人力资源和社会保障部、财政部关于继续阶段性降低社会保险费率的通知》（人社部发〔2018〕25号）。

总费率降至1%，降低费率的期限执行至2018年4月30日。在省（区、市）行政区域内，单位及个人的费率应当统一，个人费率不得超过单位费率。[①]

【例】厦门市比例：执行政府减负政策，减负后缴费比率为用人单位0.5%，个人0.5%。

（五）生育保险费费基、费率

生育保险根据“以支定收，收支基本平衡”的原则筹集资金，由企业按照其工资总额的一定比例向社会保险经办机构缴纳生育保险费，建立生育保险基金。生育保险费的提取比例由当地人民政府根据计划内生育人数和生育津贴、生育医疗费等费用确定，并可根据费用支出情况适时调整，但最高不得超过工资总额的1%。企业缴纳的生育保险费作为期间费用处理，列入企业管理费用。

职工个人不缴纳生育保险费。[②]

六、社会保险缴费基数和工资总额计算口径

劳动保障部社会保险事业管理中心《关于规范社会保险缴费基数有关问题的通知》（劳社险中心函〔2006〕60号）规范了社会保险缴费基数和工资总额计算口径。

1. 参保单位缴纳基本养老保险费的基数，为职工工资总额，或为本单位职工个人缴费工资基数之和，但在全省区市范围内应统一为一种核定办法。

单位职工本人缴纳基本养老保险费的基数原则为，以上一年度本人月平均工资为基础，在当地职工平均工资的60%—300%的范围内进行核定。

特殊情况下个人缴费基数的确定，按原劳动部办公厅《关于印发〈职工基本养老保险个人账户管理暂行办法〉的通知》（劳办发〔1997〕116号）的有关规定核定。以个人身份参保缴费基数的核定，根据各地贯彻《国务院关于完善职工基本养老保险制度的决定》（国发〔2005〕38号）的有关规定

① 摘自《人力资源和社会保障部、财政部关于阶段性降低失业保险费率的通知》（人社部发〔2017〕14号）。

② 摘自《企业职工生育保险试行办法》（劳部发〔1994〕504号）。

核定。

每年统计部门公布上年度职工平均工资后，各地社保经办机构相应按新的平均工资确定缴费基数上下限。职工平均工资增长导致缴费基数上下限相应增长，当本人工资低于缴费下限或高于缴费上限时，个人缴费将受到影响，低收入人员感觉“多缴”，高收入人员感觉“少缴”。由于个体工商户和灵活就业人员以职工平均工资为缴费基数，平均工资的上涨对这部分人员影响较大。

2. 参保单位缴纳基本医疗保险、失业保险、工伤保险、生育保险费的基数为职工工资总额，职工个人缴纳基本医疗保险、失业保险的缴费基数为本人工资数额，为便于征缴，可以用上一年度个人月平均数为缴费基数。

目前，一些地方为整合经办资源，实行社会保险费的统一征收和统一稽核，并将各险种单位和个人的缴费基数统一为单位和个人缴纳基本养老保险费的基数，这种做法方便了参保企业以及参保人员，有利于提高稽核效率。

3. 社会保险缴费基数：国家对有关工资总额统计做出了明确规定，应作为核定社会保险缴费基数的依据。

1990 年，国家统计局发布了《关于工资总额组成的规定》（国家统计局令第 1 号），之后相继下发了一系列通知，对有关工资总额统计做出了明确规定。凡是国家统计局有关文件没有明确规定不作为工资收入统计的项目，均应作为社会保险缴费基数。

4. 工资总额计算口径：工资总额是指各单位在一定时期内直接支付给本单位全部职工的劳动报酬总额，由计时工资、计件工资、奖金、加班加点工资、特殊情况下支付的工资、津贴和补贴等组成。

各单位支付给职工的劳动报酬以及其他根据有关规定支付的工资，不论是否计入成本，不论是否按国家规定列入计征奖金税项，均应列入工资总额的计算范围。①

① 摘自《关于认真贯彻执行〈关于工资总额组成的规定〉的通知》，国家统计局统制字〔1990〕1 号。

七、关于计算缴费基数的具体项目

根据国家统计局的规定，下列项目作为工资总额统计，在计算缴费基数时作为依据：

（一）计时工资

1. 对已完成工作按计时工资标准支付的工资，即基本工资部分。

2. 新参加工作职工的见习工资（学徒的生活费）。

3. 根据国家法律、法规和政策规定，因病、工伤、产假、计划生育假、婚丧假、事假、探亲假、定期休假、停工学习、执行国家或社会义务等原因按计时工资标准或计时工资标准的一定比例支付的工资。

4. 实行岗位技能工资制的单位支付给职工的技能工资及岗位（职务）工资。

5. 职工个人按规定比例缴纳的社会保险费、职工受处分期间的工资、浮动升级的工资等。

6. 机关工作人员的职务工资、级别工资、基础工资；工人的岗位工资、技术等级（职务）工资。

（二）计件工资

1. 实行超额累进计件、直接无限计件、限额计件、超定额计件等工资制，按劳动部门或主管部门批准的定额和计件单价支付给个人的工资。

2. 按工作任务包干方法支付给个人的工资。

3. 按营业额提成或利润提成办法支付给个人的工资。

（三）奖金

1. 生产（业务）奖包括超产奖、质量奖、安全（无事故）奖、考核各项经济指标的综合奖、提前竣工奖、外轮速遣奖、年终奖（劳动分红）等。

2. 节约奖包括各种动力、燃料、原材料等的节约。

3. 劳动竞赛奖包括发给劳动模范、先进个人的各种奖金。

4. 机关、事业单位各类人员的年终一次性奖金、机关工人的奖金、体育运动员的平时训练奖。

5. 其他奖金包括从兼课酬金和业余医疗卫生服务收入提成中支付的奖金，运输系统的堵漏保收奖，学校教师的教学工作量超额酬金，从各项收入中以提成的名义发给职工的奖金等。

（四）津贴

1. 补偿职工特殊或额外劳动消耗的津贴及岗位性津贴。包括高空津贴、井下津贴、流动施工津贴、高温作业临时补贴、艰苦气象台（站）津贴、微波站津贴、冷库低温津贴、邮电人员外勤津贴、夜班津贴、中班津贴、班（组）长津贴、环卫人员岗位津贴、广播电视天线工岗位津贴、盐业岗位津贴、废品回收人员岗位津贴、殡葬特殊行业津贴、城市社会福利事业岗位津贴、环境监测津贴、课时津贴、班主任津贴、科研辅助津贴、卫生临床津贴和防检津贴、农业技术推广服务津贴、护林津贴、林业技术推广服务津贴、野生动物保护工作津贴、水利防汛津贴、气象服务津贴、地震预测预防津贴、技术监督工作津贴、口岸鉴定检验津贴、环境污染监控津贴、社会服务津贴、特殊岗位津贴、会计岗位津贴、野外津贴、水上作业津贴、艺术表演档次津贴、演出场次津贴、艺术人员工种补贴、运动队班（队）干部驻队津贴、教练员培训津贴、运动员成绩津贴、运动员突出贡献津贴、责任目标津贴、领导职务津贴、岗位目标管理津贴、专业技术职务津贴、专业技术岗位津贴、技术等级岗位津贴、技术工人岗位津贴、普通工作作业津贴及其他为特殊行业和苦脏累险等特殊岗位设立的津贴。

机关工作人员岗位津贴。包括公安干警值勤津贴、警衔津贴、交通民警保健津贴、海关工作人员岗位津贴、审计人中外勤工作补贴、税务人员的税务征收津贴（包括农业税收）、工商行政管理人员外勤津贴、人民法院干警岗位津贴、人民检察院干警岗位津贴、司法助理员岗位津贴、纪检监察部门办案人员补贴、人民武装部工作人员津贴、监狱劳教所干警健康补贴等。

2. 保健性津贴。包括卫生防疫津贴、医疗卫生津贴、科技保健津贴；农业事业单位发放的有毒有害保健津贴，以及其他行业职工的特殊保健津贴等。

3. 技术性津贴。包括特级教师津贴、科研课题津贴、研究生导师津贴、工人技师津贴、中药老药工技术津贴、特殊教育津贴、高级知识分子特殊津贴（政府特殊津贴）等。

4. 年功性津贴。包括工龄工资、工龄津贴、教龄津贴和护士护龄津贴等。

5. 地区津贴。包括艰苦边远地区津贴和地区附加津贴等。

6. 其他津贴。例如，支付给个人的伙食津贴（火车司机和乘务员的乘务津贴、航行和空勤人员伙食津贴、水产捕捞人员伙食津贴补贴、汽车司机行车津贴、体育运动员和教练员伙食补助费、少数民族伙食津贴、小伙食单位补贴、单位按月发放的伙食补贴、补助或提供的工作餐等）、上下班交通补贴、洗理卫生费、书报费、工种粮补贴、过节费、干部行车补贴、私车补贴等。

（五）补贴

为保证职工工资水平不受物价上涨影响而支付的各种补贴，如副食品价格补贴、粮、油、蔬菜等价格补贴，煤价补贴、水电补贴、住房补贴、房改补贴等。

（六）加班加点工资

（七）其他工资

如附加工资、保留工资以及调整工资补发的上年工资等。

（八）特殊项目构成的工资：

1. 发放给本单位职工的“技术交易奖酬金”。

2. 住房补贴或房改补贴。房改一次性补贴款，如补贴发放到个人，可自行支配的计入工资总额内；如补贴为专款专用存入专门的账户，不计入工资总额统计。①

3. 单位发放的住房提租补贴、通信工具补助、住宅电话补助。②

4. 单位给职工个人实报实销的职工个人家庭使用的固定电话话费、职工个人使用的手机费（不含因工作原因产生的通讯费，如不能明确区分公用、私用均计入工资总额）、职工个人购买的服装费（不包括工作服）等各种费用。③

5. 为不休假的职工发放的现金或补贴。④

6. 以下属单位的名义给本单位职工发放的现金或实物（无论是否计入本单位财务账目）。⑤

7. 单位为职工缴纳的各种商业性保险。⑥

8. 试行企业经营者年薪制的，其工资正常发放部分和年终结算后补发的部分。⑦

9. 商业部门实行的柜组承包，交通运输部门实行的车队承包、司机个人承包等，这部分人员一般只需定期上交一定的所得，其余部分归已。对这些人员的缴费基数原则上采取全部收入扣除各项（一定）费用支出后计算。⑧

10. 使用劳务输出机构提供的劳务工，其人数和工资按照“谁发工资谁统计”的原则，如果劳务工的使用方不直接支付劳务工的工资，而是向劳务输出方支付劳务费再由劳务输出方向劳务工支付工资的，应由劳务输出方统

---

① 摘自国家统计局《关于房改补贴统计方法的通知》（统制字〔1992〕80号文件）。

② 摘自国家统计局《关于印发1998年年报劳动统计新增指标解释及问题解答的通知》（国统办字〔1998〕120号）。

③ 摘自国家统计局《关于印发2002年劳动统计年报新增指标解释及问题解答的通知》（国统办字〔2002〕20号）。

④ 摘自国家统计局《关于印发2002年劳动统计年报新增指标解释及问题解答的通知》（国统办字〔2002〕20号）。

⑤ （摘自国家统计局《关于印发2002年劳动统计年报新增指标解释及问题解答的通知》（国统办字〔2002〕20号）。

⑥ 摘自国家统计局《关于印发2002年劳动统计年报新增指标解释及问题解答的通知》（国统办字〔2002〕20号）。

⑦ 摘自国家统计局《关于印发2002年劳动统计年报新增指标解释及问题解答的通知》（国统办字〔2002〕20号）。

⑧ 摘自国家统计局《关于印发劳动统计问题解答的通知》（制司字〔1992〕39号）。

计工资和人数；如果劳务工的使用方直接向劳务工支付工资，则应由劳务使用方统计工资和人数。输出和使用劳务工单位的缴费基数以谁发工资谁计算缴费基数的原则执行。①

11. 实行特殊分配形式的参保人员，其缴费基数原则上由各地依据国家统计局有关规定并结合实际情况确定。

八、关于不列入缴费基数的项目

根据国家统计局的规定，下列项目不计入工资总额，在计算缴费基数时应予剔除：

1. 根据国务院发布的有关规定发放的创造发明奖、国家星火奖、自然科学奖、科学技术进步奖、支付的合理化建议和技术改进奖，以及支付给运动员在重大体育比赛中的重奖。

2. 有关劳动保险和职工福利方面的费用。职工保险福利费用包括：医疗卫生费、职工死亡丧葬费及抚恤费、职工生活困难补助、文体宣传费、集体福利事业设施费和集体福利事业补贴、探亲路费、计划生育补贴、冬季取暖补贴、防暑降温费、婴幼儿补贴（即托儿补助）、独生子女牛奶补贴、独生子女费、“六一”儿童节给职工的独生子女补贴、工作服洗补费、献血员营养补助及其他保险福利费。

3. 劳动保护的各种支出。包括工作服、手套等劳动保护用品，解毒剂、清凉饮料，以及按照国务院1963年7月19日劳动部等7单位规定的范围对接触有毒物质，矽尘作业，放射线作业和潜水、沉箱作业，高温作业等5类工种所享受的由劳动保护费开支的保健食品待遇。

4. 有关离休、退休、退职人员待遇的各项支出。

5. 支付给外单位人员的稿费、讲课费及其他专门工作报酬。

6. 出差补助、误餐补助。指职工出差应购卧铺票实际改乘座席的减价提

---

① 摘自国家统计局（《关于印发2004年劳动统计年报新增指标解释及问题解答的通知》（国统办字〔2004〕48号）。

成归己部分；因实行住宿费包干，实际支出费用低于标准的差价归己部分。

7. 对自带工具、牲畜来企业工作的从业人员所支付的工具、牲畜等的补偿费用。

8. 租赁经营单位的承租人的风险性补偿收入。

9. 职工集资入股或购买企业债券后发给职工的股息分红、债券利息以及职工个人技术投入后的税前收益分配。

10. 劳动合同制职工解除劳动合同时由企业支付的医疗补助费、生活补助费以及一次性支付给职工的经济补偿金。

11. 劳务派遣单位收取用工单位支付的人员工资以外的手续费和管理费。

12. 支付给家庭工人的加工费和按加工订货办法支付给承包单位的发包费用。

13. 支付给参加企业劳动的在校学生的补贴。

14. 调动工作的旅费和安家费中净结余的现金。

15. 由单位缴纳的各项社会保险、住房公积金。

16. 支付给从保安公司招用的人员的补贴。

17. 按照国家政策为职工建立的企业年金和补充医疗保险，其中单位按政策规定比例缴纳部分。

九、社保涉税处理

（一）个人缴纳基本养老保险费、基本医疗保险费和失业保险费允许在个人应纳税所得额中扣除

根据《中华人民共和国个人所得税法》（主席令第四十八号）以及《财政部、国家税务总局关于基本养老保险费、基本医疗保险费、失业保险费、住房公积金有关个人所得税政策的通知》（财税〔2006〕10 号）的文件规定，企事业单位按照国家或省（自治区、直辖市）人民政府规定的缴费比例或办法实际缴付的基本养老保险费、基本医疗保险费和失业保险费，免征个人所得税；个人按照国家或省（自治区、直辖市）人民政府规定的缴费比例或办法实际缴付的基本养老保险费、基本医疗保险费和失业保险费，允许在个人应纳税所得额中扣除。

（二）个人在雇佣单位以外以个人名义缴纳的三险一金，允许在个税税前扣除

个人在雇佣单位以外以个人名义缴纳三险一金，雇佣单位在申报个人所得税时，可以凭个人提供缴纳的三险一金凭证税前扣除，扣缴标准应按雇佣单位所在地的标准执行。①

（三）企事业单位超过规定的比例和标准缴付的基本养老保险费，超过部分并入个人当期的工资、薪金收入，计征个人所得税

企事业单位超过规定比例和标准缴付的基本养老保险费（月工资基数最大不能超过上年社会月平均工资 3 倍），应将超过部分并入个人当期的工资、薪金收入，计征个人所得税。个人缴费超过上述限额部分的不允许扣除。②

（四）生育妇女取得的生育津贴、生育医疗费或其他补贴等，免征个人所得税

《国家税务总局关于生育津贴和生育医疗费有关个人所得税政策的通知》（财税〔2008〕8 号）规定，生育妇女按照县级以上人民政府根据国家有关规定制定的生育保险办法，取得的生育津贴、生育医疗费或其他属于生育保险性质的津贴、补贴，免征个人所得税。

（五）工伤职工取得的工伤保险待遇不缴纳个人所得税

《财政部、国家税务总局关于工伤职工取得的工伤保险待遇有关个人所得税政策的通知》（财税〔2012〕40 号）规定："一、对工伤职工及其近亲属按照《工伤保险条例》（国务院令第 586 号）规定取得的工伤保险待遇，免征个

---

① 摘自《财政部、国家税务总局关于基本养老保险费、基本医疗保险费、失业保险费、住房公积金有关个人所得税政策的通知》（财税〔2006〕10 号）。

② 摘自《财政部、国家税务总局关于基本养老保险费、基本医疗保险费、失业保险费、住房公积金有关个人所得税政策的通知》（财税〔2006〕10 号）。

人所得税。二、本通知第一条所称的工伤保险待遇，包括工伤职工按照《工伤保险条例》（国务院令第586号）规定取得的一次性伤残补助金、伤残津贴、一次性工伤医疗补助金、一次性伤残就业补助金、工伤医疗待遇、住院伙食补助费、外地就医交通食宿费用、工伤康复费用、辅助器具费用、生活护理费等，以及职工因工死亡，其近亲属按照《工伤保险条例》（国务院令第586号）规定取得的丧葬补助金、供养亲属抚恤金和一次性工亡补助金等。”

（六）单位和个人缴纳的住房公积金在个人所得税税前扣除的标准——公积金为上一年度月平均工资12%内

《财政部、国家税务总局关于基本养老保险费、基本医疗保险费、失业保险费、住房公积金有关个人所得税政策的通知》（财税〔2006〕10号）第二条规定：“根据《住房公积金管理条例》《建设部、财政部、中国人民银行关于住房公积金管理若干具体问题的指导意见》（建金管〔2005〕5号）等规定精神，单位和个人分别在不超过职工本人上一年度月平均工资12%的幅度内，其实际缴存的住房公积金，允许在个人应纳税所得额中扣除。单位和职工个人缴存住房公积金的月平均工资不得超过职工工作地所在设区城市上一年度职工月平均工资的3倍，具体标准按照各地有关规定执行。单位和个人超过上述规定比例和标准缴付的住房公积金，应将超过部分并入个人当期的工资、薪金收入，计征个人所得税。”

（七）个人实际领（支）取原提存的社会保险金和住房公积金，免征个税

个人实际领（支）取原提存的基本养老保险金、基本医疗保险金、失业保险金和住房公积金时，免征个人所得税。①

（八）社会保险费用企业所得税税前扣除政策

企业依照国务院有关主管部门或者省级人民政府规定的范围和标准为职

① 摘自《财政部、国家税务总局关于基本养老保险费、基本医疗保险费、失业保险费、住房公积金有关个人所得税政策的通知》（财税〔2006〕10号）。

工缴纳的基本养老保险费、基本医疗保险费、失业保险费、工伤保险费、生育保险费等基本社会保险费和住房公积金，准予扣除。企业为投资者或者职工支付的补充养老保险费、补充医疗保险费，在国务院财政、税务主管部门规定的范围和标准内，准予扣除。[①]

企业根据国家有关政策规定，为在本企业任职或者受雇的全体员工支付的补充养老保险费、补充医疗保险费，分别在不超过职工工资总额5%标准内的部分，在计算应纳税所得额时准予扣除；超过的部分，不予扣除。

允许税前扣除的补充养老保险费、补充医疗保险费的缴纳对象必须是全体员工，为部分员工缴纳的不得税前扣除。[②]

附加：商业健康保险个税税前扣除政策。

个人取得的商业保险赔偿款免纳个人所得税。

根据《中华人民共和国个人所得税法》（主席令第48号）第四条第五项的规定："下列各项个人所得，免纳个人所得税：……五、保险赔款。"

《财政部、国家税务总局、保监会关于将商业健康保险个人所得税试点政策推广到全国范围实施的通知》（财税〔2017〕39号）第四条规定，"取得工资薪金所得或连续性劳务报酬所得的个人，自行购买符合规定的商业健康保险产品的，应当及时向代扣代缴单位提供保单凭证。扣缴单位自个人提交保单凭证的次月起，在不超过200元/月的标准内按月扣除。一年内保费金额超过2400元的部分，不得税前扣除。个体工商户业主、企事业单位承包承租经营者、个人独资和合伙企业投资者自行购买符合条件的商业健康保险产品，在不超过2400元/年的标准内据实扣除。一年内保费金额超过2400元的部分，不得税前扣除。"

个人购买商业健康保险未获得税优识别码的，其支出金额不得税前扣除。

---

① 摘自《企业所得税法实施条例》第三十五条。

② 摘自《财政部、国家税务总局关于补充养老保险费、补充医疗保险费有关企业所得税政策问题的通知》（财税〔2009〕27号）。

十、社保计提的会计处理

1. 计提应付职工薪酬时：

借：生产成本（制造费用、销售费用、管理费用等）

　　贷：应付职工薪酬——工资薪金

　　　　应付职工薪酬——社会保险

　　　　应付职工薪酬——住房公积金

　　　　支付工资薪金时：

借：应付职工薪酬——工资薪金

　　贷：银行存款

　　　　其他应付款——个人负担社保

　　　　其他应付款——个人负担公积金

　　　　应交税费——代缴个人所得税

2. 缴纳社保时：

借：应付职工薪酬——社会保险

　　应付职工薪酬——住房公积金

　　其他应付款——个人负担社保

　　其他应付款——个人负担公积金

　　应交税费——代缴个人所得税

　　贷：银行存款

第二节　社会保险费制度改革历程

改革开放40年来，社会保障制度框架基本形成，城镇已基本建立养老保险、医疗保险、失业保险、工伤保险和生育保险共5项社会保险制度，并且已经全面实施了最低生活保障制度；在农村，我国正在逐步全面推进最低生活保障制度，努力探索养老保险制度，不断加快新型合作医疗改革试点的步伐。社会保障对经济社会发展做出的主要贡献是使企业组织成为真正的市场主体，使个人成为“自由劳动者”。社会保障已经成为市场经济运行的调节器和社会稳定的安全网。

一、社会保障制度改革 40 年

改革开放 40 年来，我国社会保障制度的改革和发展历程可以分为 4 个阶段：从总体上来看，中国社会保障改革与制度变迁可以划分为 5 个阶段。

1978～1985 年是改革准备阶段；

1986～1990 年是强调为国有企业改革配套的阶段；

1991～2000 年探索性改革阶段；

2000～2006 年“做实”试点阶段；

2006 年以来则是从长期试验性改革走向成熟、定型的制度安排的阶段。

（一）变革前的准备，恢复性改革阶段——1978～1985 年

中国养老保障制度建立于 1951 年。1958 年，国家将企业和机关事业单位的两个养老保险制度做了统一规定，并一直沿用到 1978 年。

从这个意义上来讲，这个阶段的保险是“企业保险”，而不是“社会保险”。

（二）缓慢生长阶段——1986～1990 年

此阶段是中国社会保障制度真正进入转型时期，1986 年是由国家—单位保障制迈向国家—社会保障制的标志性年份。

在统筹方面，自 1986 年起，我国首先实现了全国县、市一级的养老保险费社会统筹，进而又推进省一级的统筹工作。

（三）探索性改革阶段——1991～2000 年

1991～2000 年这 10 年是中国社会保障制度的探索性改革阶段，也是我国

社会保障制度框架形成的重要时期。在这个时期，中国社会保障制度的形成主要由4个重要法规文件构成：

1991年6月，国务院发布《关于企业职工养老保险制度改革的决定》；1993年通过的《中共中央关于建立社会主义市场经济体制若干问题的决定》；1995年3月国务院发布的《关于深化企业职工养老保险制度改革的通知》；1997年7月国务院发布《关于建立统一的企业职工基本养老保险制度的决定》。

这一阶段，开始尝试性的社会养老保险结构的改革实践，正式决定实行社会统筹和个人账户相结合的社会保险制度，确立了基本养老保险基金省级调剂金制度的推进计划。

（四）“做实”试点阶段——2000～2006年

2000年，国务院决定选择辽宁省进行完善城镇社会保障体系试点，从2006年起又将试点改革扩大到除东三省之外的8个省、区、市，包括天津、上海、山东、山西、湖北、湖南、河南和新疆，进行完善城镇社会保障体系试点工作。

（五）“全覆盖”改革阶段——2006年至今

2006年，中共十六届六中全会明确提出到2020年建立覆盖全民的社会保障体系。2007年年底，《中华人民共和国社会保险法（草案）》提交全国人大常委会审议，《社会保险法》的出台有助于推动中国社会保障事业的法制化，增强社会保障制度的权威性和稳定性。

二、我国社会保险事业改革发展成就举世瞩目

党的十八大以来，全国各级人力资源和社会保障部门以增强公平性、适应流动性、保障可持续性为重点，深化社会保障制度改革，不断完善各项社会保险制度，实施全民参保计划，使覆盖城乡的社会保障体系建设取得了举世瞩目的杰出成就。

（一）社会保险制度建设更加完善

1. 养老保险制度。国务院印发《关于机关事业单位工作人员养老保险制度改革的决定》（国发〔2015〕2 号），全面部署机关事业单位养老保险制度改革。建立统一的城乡居民基本养老保险制度，基本形成跨制度、跨地区转移接续基本养老保险的政策体系。同时，大力发展企业（职业）年金，推动多层次养老保险体系建设。

2. 医疗保险制度。国务院建立统一的城乡居民基本医疗保险制度，实现覆盖范围、筹资政策、保障待遇、医保目录、定点管理、基金管理“六统一”。全面实施城乡居民大病保险，进一步巩固完善大病保险，扩大医保基金支付的医疗康复项目范围。结合基金收支预算管理，全面推进基本医疗保险付费总额控制。医疗服务监管不断加强。医保关系转移接续、异地就医住院费用结算更为顺畅。

3. 失业保险制度。制定使用失业保险基金支持产业结构调整、经济转型、企业升级、稳定职工队伍的政策措施，降低失业保险费率，有力地促进了职工岗位稳定和社会稳定。

4. 工伤保险制度。启动建筑业工伤保险专项扩面行动计划——“同舟计划”，积极推进建筑业按项目参加工伤保险。调整完善工伤保险费率政策，降低工伤保险费率，进一步完善工伤保险制度体系。

5. 生育保险制度。生育保险制度覆盖范围不断扩大，并逐步降低生育保险费率。

（二）社会保险覆盖范围不断扩大

我国在社会保险扩大覆盖面方面取得的成就得到了国际社会的充分肯定和高度评价，2016 年 11 月国际社会保障协会授予中国政府“社会保障杰出成就奖”。截至 2018 年年底，我国基本养老、失业、工伤保险参保人数分别达到 9.42 亿人、1.96 亿人、2.39 亿人；全年 3 项基金总收入为 5.6 万亿元，同比增长 15.28%，总支出为 4.87 万亿元，同比增长 16.08%；社保卡持卡人数达到12.27亿人。

（三）社会保险待遇水平稳步提高

截至2016年，全国企业退休人员月人均基本养老金提高至2362元；职工医疗保险和居民医疗保险基金最高支付限额，分别为当地职工年平均工资和当地居民年人均可支配收入的6倍；全国月平均失业保险金水平提高至1051元；因工死亡职工的一次性工亡补助金2016年标准达到62.4万元；近年“两孩”政策的出台，使越来越多的育龄妇女享受到了生育保险待遇，生育保险待遇水平已经达到15385元。

（四）社会保险加强基金监管，提升经办水平，推进信息化建设

基金监管制度建设步伐的加快，开辟了养老保险基金保值增值的新渠道，实现了职业年金基金制度化规范化管理。逐渐完善专项监督检查机制，推动监管立法，进一步规范投资行为，防范投资风险。

社会保险关系转移接续工作持续推进，提高精细管理便捷服务水平，积极推动数据共享和互联互通，推动服务向移动终端、自助终端延伸，构建全方位一体化的社会保险公共服务体系。提供精确化管理辅助手段，指导各地建设统一的城乡居民养老保险信息系统，并提供跨地区、跨制度的电子化社保转移业务平台。

第三节　社会保险征管改革的背景

一、社会保险基金不够用

2016年，我国5项社会保险基金总收入为5.36万亿元，比2015年增长14.1%；总支出4.69万亿元，比2015年增长20.3%；基金累计结余为6.64

万亿元，比 2015 年增长 11.5%。参保职工人数与领取养老保险待遇人数的比值即抚养比在进一步下降，由 2014 年 2.97∶1 降至 2015 年的 2.87∶1，2016 年更是降到 2.75∶1。其中，有 9 个省份的企业养老保险抚养比跌破了 2∶1。

自 2017 年起，养老金要求的财政补贴持续攀升，2016 年中国养老金空账达到 3.6 万亿元。据相关统计数据显示，预计在未来的 5～10 年当中，缺口将继续增大。

二、社会保险基金不平衡

由于我国现在社会保险制度还没有实现全国统筹，所以保障的负担不均衡，基金的分布不平衡问题还依然存在，所以就出现个别地区收支出现当期缺口。但是从全国范围来看，基金的运行是总体平稳的，确保了各项保险待遇按时支付。

以养老金为例，2016 年广东当年结余超千亿元，累计结余更是占全国总量的 1/5。而 2018 年 1 月，养老金收不抵支的省份已至十几个省。

三、社会保险实际缴费率不统一

虽然国家规定了统一的社保缴费率（如养老保险企业缴纳 18%～20%），但在实际执行过程中，部分省市为了招商引资，主动降低企业缴费率，如广东养老保险企业缴费率为 13%～14%，厦门为 12%，杭州为 14%，较全国低出 6～8 个百分点。

在各省市内部，由于社保部门没有足够的资源和力量去提升社保征缴效率，造成了社保缴纳普遍存在不规范的情况，企业社保缴费基数合规比例在近年持续下降。

四、社会保险新政出台的目标

为了落实《深化党和国家机构改革方案》和《国税地税征管体制改革方案》要求，自 2019 年 1 月 1 日起，将基本养老保险费、基本医疗保险费、失业保险费、工伤保险费和生育保险费等各项社会保险费（以下简称“社保费”）交由税务部门征收，实现税费统征统管、同征同查，建立健全社保费征缴体制，保证部门职责清晰、征管流程规范、缴费服务便民、征收管理高效、征收成本降低，全面提高社保资金征管效率，实现社保费收入安全和可持续增长让中央满意，促进地方经济持续发展让地方满意，依法依规征收让企业满意，保障缴费人合法权益让人民满意。

五、社会保险费征管改革——2018 年决定社会保险费由税务部门统一征收

2018 年 3 月，《深化党和国家机构改革方案》和《国税地税征管体制改革方案》要求，自 2019 年 1 月 1 日起，将基本养老保险费、基本医疗保险费、失业保险费、工伤保险费和生育保险费等各项社保费交由税务部门征收。

2018 年 7 月，中共中央办公厅、国务院办公厅印发《国税地税征管体制改革方案》明确，自 2019 年 1 月 1 日起，将基本养老保险费、基本医疗保险费、失业保险费、工伤保险费、生育保险费等各项社会保险费交由税务部门统一征收，并合理确定非税收入征管职责划转到税务部门的范围。

2018 年 9 月 6 日，国务院总理李克强主持召开国务院常务会议，会议强调，在社保征收机构改革到位前，各地要一律保持现有征收政策不变，同时抓紧研究适当降低社保费率，确保总体上不增加企业负担。

2018 年 9 月 13 日，国家税务总局办公厅印发《关于稳妥有序做好社会保险费征管有关工作的通知》（税总办发〔2018〕142 号）明确，确保 2019 年 1 月 1 日起由税务机关统一征收各项社会保险费，要做好数据分析评估和清洗迁移，按时完成信息系统升级对接和联调测试。

2018 年 9 月 18 日，国务院总理李克强主持召开国务院常务会议，要求把已定减税降费措施切实落实到位，确保社保费现有征收政策稳定。有关部门要加强督查，严禁自行对企业历史欠费进行集中清缴，违反规定的要坚决纠正，坚决查处征管中的违法违纪行为。同时，要抓紧研究提出降低社保费率方案，与征收体制改革同步实施。

2018 年 9 月 20 日，国家税务总局发布《关于进一步落实好简政减税降负措施更好服务经济社会发展有关工作的通知》（税总发〔2018〕150 号），要

求，有序推进社会保险费和非税收入征管职责划转准备工作。各级税务机关要按照税务总局的统一安排部署，在地方政府的领导下，加强与有关部门的配合，坚持稳字当头，积极稳妥做好资料移交、系统对接等工作，建立部门间常态化信息共享和协作机制，优化社保费和非税收入缴费服务资源配置，从缴费人需求出发，统一服务标准，整合税费缴纳流程，简并缴费资料报送，降低缴费成本，确保划转工作平稳有序、信息系统稳定运行，缴费人和社会各界反映良好。

第四节　社会保险征管新政变化

一、2019 年前社保征缴模式

2019 年前我国的社保征缴模式主要有两类：一是“社保机构负责核定，税务部门负责征收”，即社会保险经办机构负责核定缴费数额，由税务部门负责征收，包括河南、河北、江苏、浙江等省份。二是“税务全责征收”，即税务部门负责包括缴费数额核定、征收在内的全部征缴环节，包括北京、上海、天津等地市。

2019 年前，大部分省市采取的是“社保机构负责核定，税务部门负责征收”，即征收基数还是由社保部门核定，只有少数省市实行了“地税全责征收”，即由税务部门核定征收基数。

二、税务部门统一征缴社保带来的变化

税务部门统一征缴社保之后，显然理顺了社保体制机制，避免了部门协调和博弈问题，解决了信息不对称问题，还有利于保障职工社保权益，并为社保基金增加收入，可缓解部分地方社保支付压力。可以说，社保征缴由此回归到一种合理模式。当然，这也意味着税务部门从此要承担更多的责任和

义务。

今后，税务部门统一负责社保征缴，社保经办机构负责社保发放，财政、审计等部门负责监督，我国社保将形成责任明确、分工清晰的管理格局。税务部门可以利用自己掌握的工资信息、企业发票、税收稽查、税收保全等优势，提高社保征缴强制力。

三、严禁对企业社保历史欠费集中清缴

国务院常务会议明确，严禁对企业社保历史欠费集中清缴。

2018 年 9 月 18 日，李克强总理在国务院常务会议上特别强调："必须按照国务院明确的'总体上不增加企业负担'的已定部署，确保社保现有征收政策稳定，在社保征收机构改革到位前绝不允许擅自调整。对历史形成的社保费征缴参差不齐等问题，严禁自行集中清缴。"明确要求，税务总局和人力资源和社会保障部要就此共同发声：在社保征收机构改革到位前，各地一律保持现有社保政策不变。

1. 历史问题不追究，企业需要规范。从中央的态度来看，对历史问题不追究是从社会稳定大局出发的，虽然从大局来说是不能进行追究，但企业需要从现在开始进行规范，纠正原来的错误做法。

2. 合理规划企业用工方式。在市场经济下，只要个人愿意工作，企业都可以采用；退休人员、实习生、非雇佣形式用工、劳动派遣等用工方式是可以不缴纳社会保险。

第二章

社会保险费征管业务

行政征收是行政主体依法向行政相对人强制性地收取税费或私有财产的行政行为，属于行政决定的一种形态，它具有处分性、强制性、非对价性、法定性等特征。我国的行政征收种类主要包括土地征收、房屋征收、财产征收、税费征收等。行政征收的效果是剥夺和处分相对人的私有财产，其影响的是相对人受《中华人民共和国宪法》和《中华人民共和国物权法》保护的基本权利，非因法律的直接规定不能实施。

社保费的征收属于行政征收的一种类型。《社会保险法》规定了社会保险征收机构征收社保费的权力。国务院《社会保险费征缴暂行条例》第六条规定："社会保险费实行3项社会保险费集中、统一征收。社会保险费的征收机构由省、自治区、直辖市人民政府规定，可以由税务机关征收。"由此解决了社保费由税务部门征收的法律授权问题。

2018年7月20日，中共中央办公厅、国务院办公厅印发了《国税地税征管体制改革方案》，明确自2019年1月1日起，将基本养老保险费、基本医疗保险费、失业保险费、工伤保险费、生育保险费等各项社会保险费交由税务部门统一征收。

第一节　社保费登记

一、用人单位参保缴费关联登记

（一）业务概述

用人单位参保缴费信息关联，是将人力资源和社会保障部、医疗保险部门的用人单位参保登记信息和税务部门税务登记信息关联起来，是社会保险费征管的首要环节，也是用人单位缴费人纳入税务机关管理的标志。

用人单位参保缴费关联登记主要实现用人单位依申请到税务大厅办理关联参保缴费信息，目的就是为了将用人单位的税务主体与社保经办机构、单位编号进行关联绑定。

1. 从事生产经营的缴费单位自领取营业执照之日起30日内、非生产经营性单位自成立之日起30日内，应向当地社会保险经办机构（或税务机关）申请办理社会保险登记，通过营业执照或登记证书、社会保险费缴费登记表等材料进行办理。

办理形式：一是以社会保险登记信息办理社会保险登记的用人单位，主管税务机关根据社会保险经办机构传递信息办理关联登记。二是用人单位在规定期限内，持营业执照或者登记证书等有关证件，向主管税务机关申请办理税务登记的同时一并办理社会保险登记（主要适用于广东、厦门）。

2. 用人单位社保费参保缴费关联登记前，必须进行过税务主体登记（如设立税务登记等组织临时登记等）。

对于无有效证件的，如军人服务社，在进行社保登记时，必须先进行组织临时登记，才能够进行社保参保缴费关联登记。

（二）政策依据

《社会保险费征缴暂行条例》（中华人民共和国国务院令第259号）；

《社会保险登记管理暂行办法》（中华人民共和国劳动和社会保障部令 第1号）；

《社会保险费及其他基金规费文书式样》（国家税务总局公告2015年第98号）；

《国家税务总局关于印发〈税务机关征收社会保险费及其他基金规费管理类文书式样〉的通知》（税总发〔2015〕160号）；

《中华人民共和国社会保险法》（中华人民共和国主席令第35号）；

《在中国境内就业的外国人参加社会保险暂行办法》（中华人民共和国人力资源和社会保障部令第16号）；

《人力资源和社会保障部关于做好在我国境内就业的外国人参加社会保险工作有关问题的通知》（人社厅发〔2011〕113号）。

（三）办税流程

1. 申请：单位缴费人应当自成立之日起30日内，持下列资料，向主管税务机关领取并填写《社会保险参保缴费关联登记表（适用单位缴费人）》，进行社会保险缴费信息登记。

2. 受理：主管税务机关接受申请后，对缴费人提交的证件和资料进行初审。

（四）报送资料

单位缴费人社会保险费缴费信息登记报送资料如表2－1所示。

表2－1　　单位社会保险费缴费信息登记报送资料清单

序号	报送资料名称	必报	条件报送
1	《DJ01 社会保险费缴费登记表（适用单位缴费人）》（税总发〔2015〕160号）	√	
2	组织机构代码证证书副本		√
3	组织机构代码证书副本复印件		√
4	社会保险登记证件原件	√	
5	社会保险登记证件复印件	√	

注：必报资料为社会保险费参保缴费关联登记表（适用单位缴费人）。

根据主管税务管理机关的需求，选择是否提供社会保险登记证原件及复印件。

未办理税务登记和扣缴义务登记的缴费单位，除以上资料外，还需提供组织机构代码证书副本及复印件。

（五）示例说明（见图2－1）

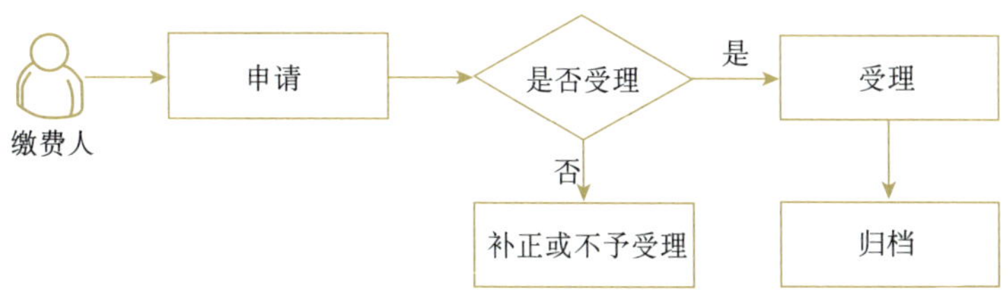

图2－1　单位社会保险费缴费信息登记流程

二、职工个人参保缴费关联登记

（一）业务概述

职工个人参保缴费信息关联，是将人力资源和社会保障部门、医疗保险部门的职工个人参保登记信息和税务部门税务登记信息关联起来，是社会保险费征管的首要环节，是缴费职工个人纳入税务机关管理的标志。

职工个人参保登记，是指用人单位依据法律法规为其建立劳动关系的职工依法办理社保增员、减员、变更等手续。其主要实现职工个人依申请到税务大厅办理关联参保缴费信息，目的是为了将职工个人的税务主体与社保经办机构、单位编号进行关联绑定。

登记形式有两种：一是在社会保险经办机构办理参保登记的职工个人，税务机关根据社会保险经办机构传递的职工个人参保登记信息，办理参保缴费关联登记。二是在税务机关办理参保预登记的职工个人，由用人单位发起登记申请，税务机关先与税务系统中的自然人成功关联或新办登记后，进行参保缴费关联登记信息采集，完成登记并将信息传给人力资源和社会保障部门、医疗保险部门。

（二）政策依据

《社会保险费征缴暂行条例》（中华人民共和国国务院令第 259 号）；

《社会保险登记管理暂行办法》（中华人民共和国劳动和社会保障部令第 1 号）；

《社会保险费及其他基金规费文书式样》（国家税务总局公告 2015 年第 98 号）；

《国家税务总局关于印发〈税务机关征收社会保险费及其他基金规费管理类文书式样〉的通知》（税总发〔2015〕160 号）；

《中华人民共和国社会保险法》（中华人民共和国主席令第 32 号）；

《在中国境内就业的外国人参加社会保险暂行办法》（中华人民共和国人力资源和社会保障部令第 16 号）；

《人力资源和社会保障部关于做好在我国境内就业的外国人参加社会保险工作有关问题的通知》（人社厅发〔2011〕113 号）。

（三）办税流程

1. 申请：单位缴费人进行社会保险缴费信息登记后，携带证件及有关提交资料，选择办理职工个人参保缴费关联登记。

2. 受理：受理单位接受缴费人申请，审核提交资料和证件，对缴费人提交的证件和资料进行初审，确定是否受理。

（四）报送资料

员工社会保险费信息登记报送资料如表 2－2 所示。

表 2－2　　员工社会保险费信息登记报送资料清单

序号	报送资料名称	必报	条件报送
1	《DJ03 员工社会保险费缴费登记表》（税总发〔2015〕160 号）		√
2	有效身份证件	√	
3	有效身份证件复印件	√	
4	社会保险登记证件原件	√	
5	社会保险登记证件复印件	√	
6	《DJ04 社会保险费参保员工信息变更表》（税总发〔2015〕160 号）		√

（五）示例说明（见图 2－2）

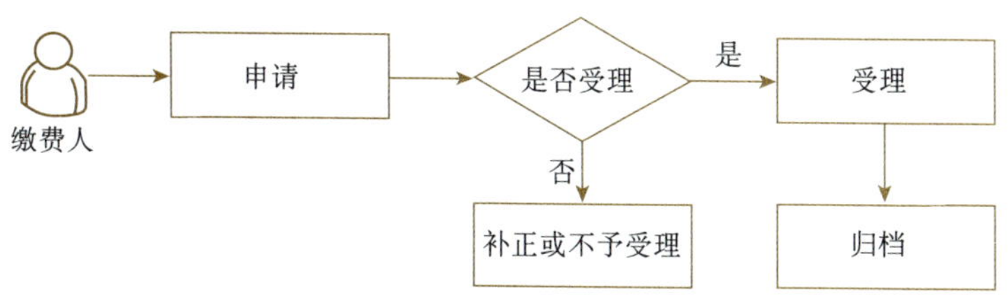

图 2－2　员工社会保险费信息登记流程

三、灵活就业人员参保缴费关联登记

（一）业务概述

灵活就业人员参保缴费信息关联是灵活就业人员进入社会保险费征管的首要环节，是灵活就业人员缴费人纳入税务机关管理的标志。其缴费登记的前提是已完成自然人登记，对于没有办理自然人主体登记的个人首先进入自然人主体登记流程。适用于全责征收或非全责征收社会保险费的地区。

1. 法律法规规定，无雇工的个体工商户、未在用人单位参加基本养老保险的非全日制从业人员以及其他灵活就业人员，可以自愿选择参加社会保险。

2. 登记形式：在社会保险经办机构办理参保登记的灵活就业人员，税务机关根据社会保险经办机构传递的灵活就业人员参保登记信息，与税务机关自然人信息进行关联，办理参保缴费关联登记。

在税务机关办理参保预登记的灵活就业人员，灵活就业人员登记申请后，税务机关先与税务系统中的自然人成功关联或新办登记后，进行参保缴费关联登记信息采集，完成登记并将信息传递给人力资源和社会保障部门、医疗保险部门。

（二）政策依据

《社会保险费征缴暂行条例》（中华人民共和国国务院令第 259 号）；

《社会保险登记管理暂行办法》（中华人民共和国劳动和社会保障部令第 1 号）；

《社会保险费及其他基金规费文书式样》（国家税务总局公告 2015 年第 98 号）；

《国家税务总局关于印发〈税务机关征收社会保险费及其他基金规费管理类文书式样〉的通知》（税总发〔2015〕160 号）；

《中华人民共和国社会保险法》（中华人民共和国主席令第 35 号）；

《在中国境内就业的外国人参加社会保险暂行办法》（中华人民共和国人力资源和社会保障部令第 16 号）；

《人力资源和社会保障部关于做好在我国境内就业的外国人参加社会保险工作有关问题的通知》（人社厅发〔2011〕113 号）。

（三）办税流程

1. 申请：参保人持携带证件及有关提交资料，办理灵活就业人员关联登记。

2. 受理：税务机关接受缴费人申请，对缴费人提交的证件和资料进行初审，确定是否受理。

（四）报送资料

灵活就业人员社会保险费缴费信息登记报送资料如表 2－3 所示。

表 2－3　　灵活就业人员社会保险费缴费信息登记报送资料清单

序号	报送资料名称	必报	条件报送
1	《DJ02 社会保险费缴费登记表（适用灵活就业人员）》（税总发〔2015〕160 号）	√	
2	居民身份证	√	
3	居民身份证复印件	√	
4	社会保险登记证件原件	√	
5	社会保险登记证件复印件	√	
6	居民户口簿	√	
7	居民户口簿复印件	√	
8	社会保险费累计缴费时间证明		√

注：社会保险费累计缴费时间证明的报送条件为已参加社会保险的自然人。

（五）示例说明（见图 2－3）

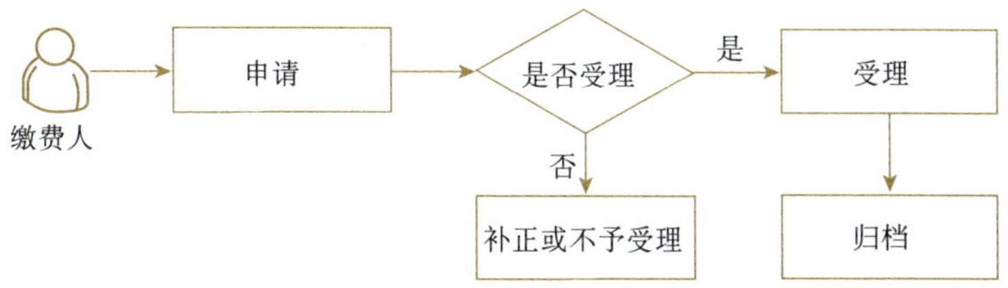

图 2－3　灵活就业人员社会保险费缴费信息登记流程

四、城乡居民参保缴费关联登记

（一）业务概述

城乡居民参保缴费信息关联是城乡居民进入社会保险费征管的首要环节，是城乡居民缴费人纳入税务机关管理的标志，适用于全责征收或非全责征收社会保险费的地区。其缴费登记的前提是已完成自然人登记的个人，对于没有办理自然人主体登记的个人，首先需进入自然人主体登记流程。

城乡居民参保缴费关联登记，为城乡养老和城乡医疗保险两类，在人力资源和社会保障部门、医疗保险部门办理参保登记后，人力资源和社会保障部门、医疗保险部门将参保登记信息传递税务机关。

登记形式包括：（1）社会保险经办机构办理参保登记的城乡居民，与税务机关自然人信息进行关联，办理参保缴费关联登记。（2）税务机关办理参保预登记的城乡居民，城乡居民本人（或代办机构人员）填写登记申请，采集参保缴费关联登记信息，完成登记后信息将传递给人社、医保部门。

（二）政策依据

《社会保险费征缴暂行条例》（中华人民共和国国务院令第259号）；

《社会保险登记管理暂行办法》（中华人民共和国劳动和社会保障部令第1号）；

《社会保险费及其他基金规费文书式样》（国家税务总局公告2015年第98号）；

《国家税务总局关于印发〈税务机关征收社会保险费及其他基金规费管理类文书式样〉的通知》（税总发〔2015〕160号）；

《中华人民共和国社会保险法》（中华人民共和国主席令第35号）。

（三）办税流程

1. 申请：参保人持携带证件及有关提交资料，选择办理城乡居民参保缴费关联登记。

2. 受理：受理机关接受缴费人申请，对缴费人提交的证件和资料进行初审，确定是否受理。

（四）报送资料

城乡居民参保缴费信息登记报送资料如表2-4所示。

表2-4 城乡居民参保缴费信息登记报送资料清单

序号	报送资料名称	必报	条件报送
1	《DJ02社会保险费缴费登记表（适用灵活就业人员）》（税总发〔2015〕160号）	√	
2	有效身份证件	√	
3	有效身份证件复印件	√	

（五）示例说明（见图2-4）

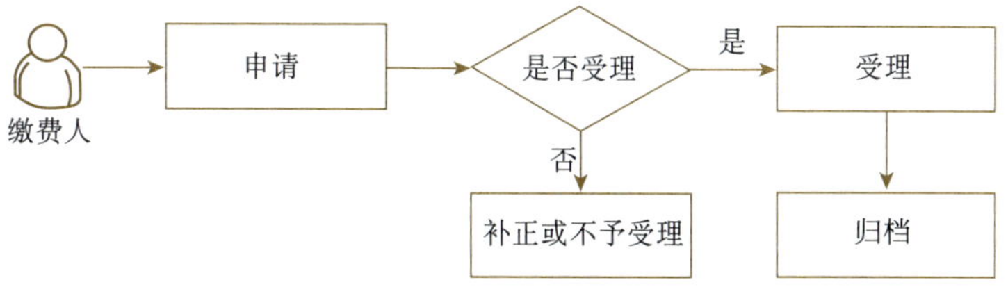

图2-4 城乡居民参保缴费信息登记流程

五、建筑业工伤保险参保缴费关联登记

（一）业务概述

建筑业工伤保险参保缴费信息关联，是以工程项目为主体缴纳工伤保险费的首要环节，是工程项目在税务机关进行社会保险费征收的基础，实现了单位信息、社保经办机构、工程项目编号和承建单位的社保登记信息关联。进行建筑业工伤保险参保缴费信息关联前，承建单位必须进行过主体登记（如设立税务登记或组织临时登记等）。

建安企业在工程项目中标后、开工前，应为工程项目办理工伤保险登记。

缴费单位在规定期限内，持有关证件，向主管税务机关申请办理税务登记，在办理税务登记的同时办理社保参保预登记、参保缴费关联登记。或者由缴费单位去人力资源和社会保障部门办理参保登记（注：同一建筑业，不能重复办理参保缴费关联登记）。

（二）政策依据

《社会保险费征缴暂行条例》（中华人民共和国国务院令第 259 号）；

《社会保险登记管理暂行办法》（中华人民共和国劳动和社会保障部令第 1 号）；

《社会保险费及其他基金规费文书式样》（国家税务总局公告 2015 年第 98 号）；

《国家税务总局关于印发〈税务机关征收社会保险费及其他基金规费管理类文书式样〉的通知》（税总发〔2015〕160 号）；

《中华人民共和国社会保险法》（中华人民共和国主席令第 35 号）。

（三）办税流程

1. 申请：缴费单位需填写《社会保险费缴费登记表（适用建筑业）》，并携带相关证件资料，进行参保缴费关联登记。

2. 受理：受理机关接受缴费人申请，对缴费人提交的证件和资料进行初审，确定是否受理。

（四）报送资料

建筑业工伤保险参保缴费信息登记报送资料如表 2－5 所示。

表 2－5　　建筑业工伤保险参保缴费信息登记报送资料清单

序号	报送资料名称	必报	条件报送
1	《DJ01 社会保险费缴费登记表（适用单位缴费人）》（税总发〔2015〕160 号）》	√	

续表

序号	报送资料名称	必报	条件报送
2	居民身份证	√	
3	居民身份证复印件	√	
4	社会保险登记证件原件	√	
5	社会保险登记证件复印件	√	

（五）示例说明（见图2-5）

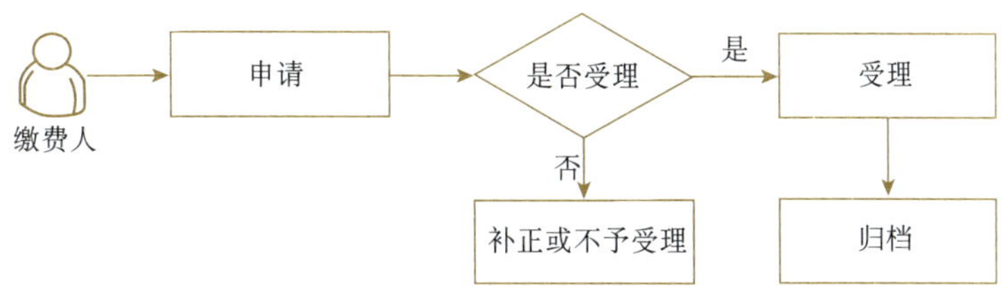

图2-5　建筑业工伤保险参保缴费信息登记流程

六、社会保险参保缴费关联登记变更

（一）业务概述

已完成参保缴费信息关联的用人单位，社会保险费登记信息发生变更的，应当自变更之日起30日内，到社会保险经办机构办理变更登记手续。

社会保险参保缴费关联登记变更主要包括：增加新的单位编号；删除原有的单位编号；在原有单位编号下停止险种、增加险种；修改原有单位编号的参保类型、隶属关系、登记注册类型、所属行业、行业风险类型等信息。

变更方式包括以下情形：缴费人已在人力资源和社会保障部门、医疗保险部门办理参保变更登记的，税务机关只要根据人力资源和社会保障部门、医疗保险部门传递的变更信息，进行参保缴费关联登记变更；缴费人向主管税务机关提供相关资料、证件，办理变更登记。

（二）政策依据

《社会保险费征缴暂行条例》（中华人民共和国国务院令第259号）；

《社会保险登记管理暂行办法》（中华人民共和国劳动和社会保障部令第1号）；

《社会保险费及其他基金规费文书式样》（国家税务总局公告2015年第98号）；

《国家税务总局关于印发〈税务机关征收社会保险费及其他基金规费管理类文书式样〉的通知》（税总发〔2015〕160号）；

《中华人民共和国社会保险法》（中华人民共和国主席令第35号）；

《在中国境内就业的外国人参加社会保险暂行办法》（中华人民共和国人力资源和社会保障部令第16号）；

《人力资源和社会保障部关于做好在我国境内就业的外国人参加社会保险工作有关问题的通知》（人社厅发〔2011〕113号）。

（三）办税流程

1. 申请：缴费人的社会保险参保缴费关联登记事项发生变更的，可以通过两种方式：

（1）缴费人需填写《社会保险缴费信息变更登记表》，并携带相关证件资料，去主管税务机关进行社会保险参保缴费关联信息变更登记。

（2）缴费人向社保部门办理变更登记，无须再去主管税务机关办理变更。

2. 受理：受理机关接受缴费人变更申请，对缴费人提交的证件和资料进行初审，确定是否受理。

（四）报送资料

变更社会保险费登记报送资料如表2－6所示。

表2－6　　变更社会保险费登记报送资料清单

序号	报送资料名称	必报	条件报送
1	《DJ04社会保险费缴费信息登记变更申请表》（税总发〔2015〕160号）	√	

续表

序号	报送资料名称	必报	条件报送
2	工商变更登记表和工商执照或有关机关批准或宣布变更证明	√	
3	社会保险登记证	√	
4	省、自治区、直辖市社会保险经办机构规定的其他资料	√	

（五）示例说明（见图2－6）

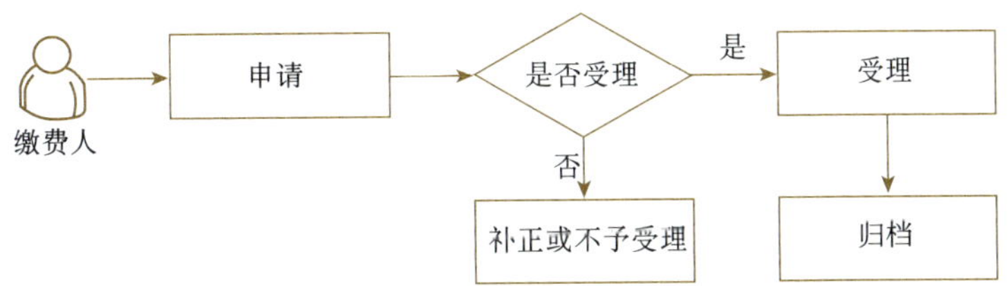

图2－6　变更社会保险费信息登记流程

七、社会保险参保缴费关联登记注销

（一）业务概述

缴费发生解散、破产、撤销、合并以及其他需要终止社会保险缴费义务情形，依法终止时，应当及时向原社会保险经办机构申请办理注销社会保险登记。缴费用户依法终止所有参保费种缴费义务的，应当自终止之日起30日内，结清应缴纳的社会保险费、滞纳金、罚款等费用，持相关资料，向主管社会保险部门办理完成各项注销社会保险登记手续后，来主管税务机关办理社会保险参保缴费信息关联注销手续。

社会保险参保缴费信息关联注销包含：单位及灵活就业人员社会保险参保缴费信息关联注销，注销流程包括申请、受理。

（二）政策依据

《中华人民共和国社会保险法》（中华人民共和国主席令第35号）；

《社会保险费征缴暂行条例》（中华人民共和国国务院令第259号）；

《社会保险登记管理暂行办法》（中华人民共和国劳动和社会保障部令第1号）；

《国家税务总局关于发布〈社会保险费及其他基金规费文书式样〉的公告》（国家税务总局公告2015年第98号）；

《国家税务总局关于印发〈税务机关征收社会保险费及其他基金规费管理类文书式样〉的通知》（税总发〔2015〕160号）。

（三）办税流程

缴费人依法终止所有参保费种缴费义务的，应当自终止之日起30日内，结清应缴纳的社会保险费、滞纳金、罚款，持相关资料，向主管社会保险部门办理完成各项注销社会保险登记手续后，向主管税务机关领取并填写《社会保险参保缴费关联信息登记注销申请表》，办理社会保险缴费注销登记手续。

受理机构接受缴费人注销申请，对缴费人提交的证件和资料进行初审，确定是否受理。

受理机关会对社会保险缴费信息注销登记信息进行审批，如果经调查发现缴费人有未尽事宜的（未尽事宜是指缴费人已缴清社会保险费、滞纳金、罚款等款项，但仍有其他未完结事项），2个工作日内（待确认），缴费人会收到受理机关出具的《税务事项通知书》（注销社会保险费信息登记补办事宜通知），提示纳税人及时办理已告知的未尽事宜（注销灵活就业人员社会保险费登记时，不注销自然人主体资格）。

审批通过后，1个工作日内（待确认），缴费人会收到受理机构出具的《税务事项通知书》（社会保险参保缴费关联登记注销核准通知）。

（四）报送资料

注销社会保险费登记报送资料如表2－7所示。

表 2－7　　注销社会保险费登记报送资料清单

序号	报送资料名称	必报	条件报送
1	《DJ05 注销社会保险费缴费登记申请表》（税总发〔2015〕160 号）》	√	
2	法律文书或其他有关注销文件，缴销社会保险登记证件	√	

（五）示例说明（见图 2－7）

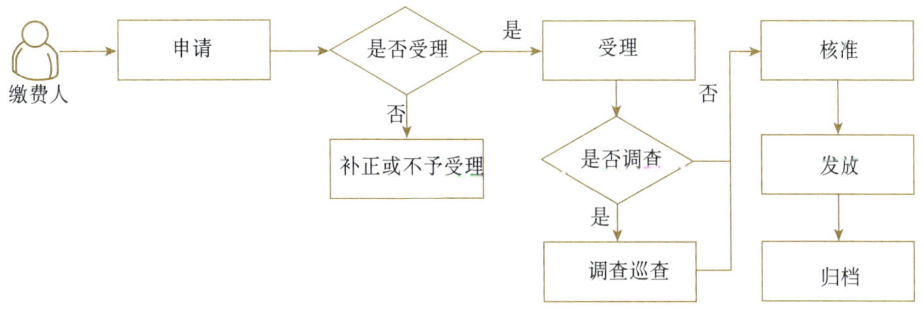

图 2－7　注销社会保险费登记流程

八、社会保险费非正常户认定

（一）业务概述

非正常户是指已办理社保登记的缴费人，未按照法律规定的期限申报纳税，经税务机关派员实地检查，查无下落，并且无法强制其履行纳税义务的社保费缴费人。

（二）政策依据

《中华人民共和国社会保险法》（中华人民共和国主席令第 35 号）；

《社会保险费征缴暂行条例》（中华人民共和国国务院令第 259 号）；

《税务机关征收社会保险费及其他基金规费管理类文书式样》（税总发〔2015〕160 号）。

（三）办税流程

税务机关对连续 3 个月未向税务机关进行缴费申报的缴费人，进行实地检查后，对已进行调查核实的企业中查无下落并且无法强制其履行缴费义务的缴费人，责令其1个月内改正，逾期仍未改正的，出具《社会保险费非正常户认定书》。非正常户认定信息生效，通报社会保险经办机构。

（四）报送资料

RD01 社会保险费非正常户认定表。

（五）示例说明（见图2－8）

图2－8　社会保险费非正常户认定流程

九、社会保险费非正常户解除

（一）业务概述

已被认定为非正常户的缴费人，后续仍去税务机关自行申报继续履行纳税义务，由税务机关解除其非正常户认定，对其按正常户处理。

生效的非正常户解除信息，税务机构会及时通报社会保险经办机构。

（二）政策依据

《中华人民共和国社会保险法》（中华人民共和国主席令第35号）；

《税务机关征收社会保险费及其他基金规费管理类文书式样》（税总发〔2015〕160号）；

《社会保险费征缴暂行条例》（中华人民共和国国务院令第259号）。

（三）办税流程

1. 申请。认定为社保费非正常户的缴费人，需携带证件、资料，先向税务机关提出办理解除社保费非正常户。

2. 受理。申请后，受理机构会做以下处理：

（1）对依法不属于本机关职权或本业务受理范围的，出具《税务事项通知书》（不予受理通知），告知缴费人不予受理的原因。缴费人申请不属于管辖范围的，缴费人会收到受理机构提示，向有权管辖的税务机关提交申请。

（2）缴费人提交资料不齐全或不符合法定形式的，出具《税务事项通知书》（补正通知），一次性告知缴费人需补正的内容。

（3）缴费人提交资料齐全、符合法定形式的，出具《税务事项通知书》（社保费非正常户解除受理通知）。

3. 解除。受理机构进行解除处理：

（1）缴费人先接受违章处罚，结清费款后，未结事项（不含失效证件，下同）已办结的，受理机构出具《税务事项通知书》（社保费解除非正常户通知），解除非正常户状态。

（2）“未结事项办结日期”到期但缴费人未结事项未办结的，系统推送待办事项并录入《税务事项通知书》（不予解除非正常户通知）。

（四）报送资料

RD02 社会保险费非正常户解除认定表

缴费人提供情况说明和解除非正常状态的理由。

（五）示例说明（见图2－9）

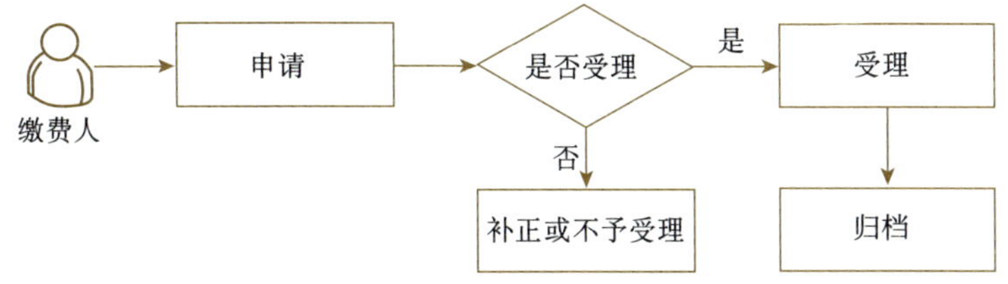

图2－9　社会保险费非正常户解除流程

第二节　社保费缴费认定

一、业务概述

行政机关对社保费缴费项目进行核定，是由有权机关依申请或依职权对用人单位与劳动者是否存在社保关系，是否缴纳社保费，如何缴纳的法律事实和法律关系进行审查、认定并宣示其法律效力的行政行为。

在税务部门全责征收模式下，税务部门负责根据社保政策对参保单位和个人进行社会保险费缴费项目核定。

核定内容包括：缴费基数、缴费人数、费率和险种等。核定范围包括：对主动申报的核定、对普通欠费的核定、对应参保未参保的核定、对申报不实的核定等。

社会保险费缴费认定是对已完成参保关联登记缴费人，根据其关联登记情况对相关缴费信息数据进行确认。

二、政策依据

《中华人民共和国社会保险法》（中华人民共和国主席令第 35 号）；

《社会保险费征缴暂行条例》（国务院令第 259 号）；

《在中国境内就业的外国人参加社会保险暂行办法》（中华人民共和国人力资源和社会保障部令第 16 号）；

《人力资源和社会保障部关于做好在我国境内就业的外国人参加社会保险工作有关问题的通知》（人社厅发〔2011〕113 号）。

第三节　社保费申报

全责征收模式下，由税务机关负责受理参保单位和个人的缴费基数调整、增减变动和基本信息变更申报，包括参保单位因撤销、合并、分立及其他原因提出的信息变更或注销申报，并将申报信息传递到社会保险经办机构。社会保险经办机构依据税务机关传递的明细信息进行登记。

社会保险申报信息，一般应包括：用人单位名称、组织机构代码、地址及联系方式；用人单位开户银行、户名及账号；用人单位的缴费险种、缴费基数、费率、缴费数额；职工名册及职工缴费情况；其他事项。

一、单位社会保险费申报

（一）业务概述

单位社会保险费确认申报，是用人单位缴费人完成参保缴费信息关联后，每月到税务机关进行社保费申报，主要实现用人单位依申请到税务大厅办理社会保险费申报业务。

申报方式包括：单位缴费由单位操作人员直接录入，并调用个人缴费工资信息，两者汇总后统一进行申报和根据职工个人缴费基数明细汇总申报。

（二）政策依据

《中华人民共和国社会保险法》（中华人民共和国主席令第 35 号）；

《社会保险费申报缴纳管理规定》（中华人民共和国人力资源和社会保障部令第 20 号）；

《国家税务总局关于税务机关征收社会保险费工作的指导意见》（国税发〔2002〕第 124 号）。

（三）办税流程

1. 申请。申报缴纳方式：支持单位缴纳部分申报和职工个人部分的明细申报；支持单位缴纳部分申报和职工个人缴纳部分汇总申报，均由用人单位向税务机关自行申报。

（1）社会保险费日常申报：单位缴费人在规定期限内向主管税务机关提交相关资料，领取并填写社会保险费相关申报表，申请办理社会保险费申报业务。

缴费人应缴纳的社保费包含单位应缴部分和职工应缴部分。

（2）社会保险费结算申报：单位缴费人在规定期限内向主管税务机关提交相关资料，申请办理社会保险费结算申报。

（3）社会保险费查补申报：单位缴费人在规定期限内向主管税务机关提交相关资料，申请办理社会保险费查补申报。

（4）申报渠道：办税厅申报缴费、网上申报（PC 端、手机端）、自助缴费机具申报等。

2. 受理。申请后，确定单位缴费人进行明细申报的所属员工基础信息及灵活就业人员基础信息应已通过自然人登记流程采集。受理机构接收申请并处理。

（1）税务机关检查缴费人报送的《社会保险费缴费申报表》，是否符合要求。

（2）缴费人提交资料齐全、内容填写符合规定，受理机构受理缴费人申报。

（3）用人单位年度结算申报：允许单独申报单位应缴部分的社保费。

（4）用人单位查补申报：允许单独申报单位应缴部分的社保费。

（四）报送资料

单位社会保险费申报报送资料如表 2－8 所示。

表 2－8　　单位社会保险费申报报送资料清单

序号	报送资料名称	必报	条件报送	归档
1	《A06135 社会保险费缴费申报表（适用单位缴费人）》	√		√
2	《A06136 员工社会保险费缴费明细申报表（适用明细申报地区）》		√	√

（五）示例说明（见图 2－10）

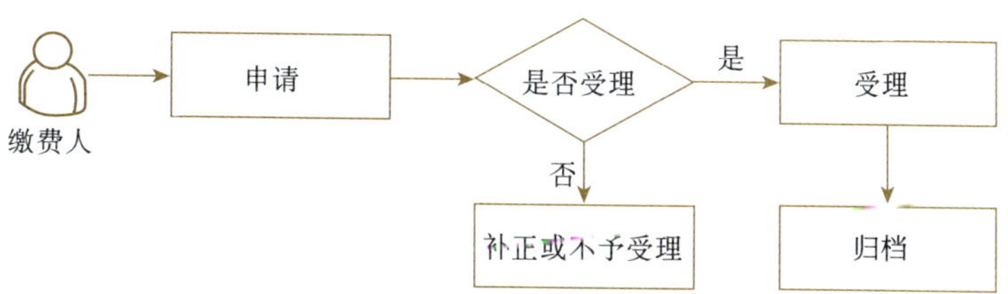

图 2－10　单位社会保险费申报流程

（六）后续业务

根据应缴费额判断是否需要缴款开票；对于应缴费额大于零的，办理“征收开票”业务。

二、灵活就业人员社会保险费申报

（一）业务概述

灵活就业人员的社会保险费日常申报，是指以个人身份参加社会保险费的缴费人，按期向税务机关进行应缴社会保险费申报。

灵活就业人员在完成社会保险费缴费信息关联后，可依照缴费人实际情况进行申报、征收，需要灵活就业人员自行设置其各险种的缴费基数。

（二）政策依据

《中华人民共和国社会保险法》（中华人民共和国主席令第 35 号）；

《社会保险费征缴暂行条例》（中华人民共和国国务院令第 259 号）；

《社会保险费申报缴纳管理规定》（中华人民共和国人力资源和社会保障部令第20号）；

《国家税务总局关于税务机关征收社会保险费工作的指导意见》（国税发〔2002〕第124号）；

《国家税务总局关于发布〈社会保险费及其他基金规费文书式样〉的公告》（国家税务总局公告2015年第98号）。

（三）办税流程

1. 申请。缴费人领取并填写社会保险费相关申报表，在规定期限内向主管税务机关提交相关资料，申请办理社会保险费申报业务。缴费人根据系统的缴费档次及应缴费额，自主选择缴费或者缴费人自行申报缴费基数。

2. 受理。申请后，受理机构审核资料是否齐全、填写是否符合规定，接收受理。

（四）报送资料

灵活就业人员社会保险费日常申报报送资料如表2－9所示。

表2－9　　灵活就业人员社会保险费日常申报报送资料清单

序号	报送资料名称	必报	条件报送	归档
1	《A06234社会保险费缴费申报表（适用灵活就业人员）》	√		√

（五）示例说明（见图2－11）

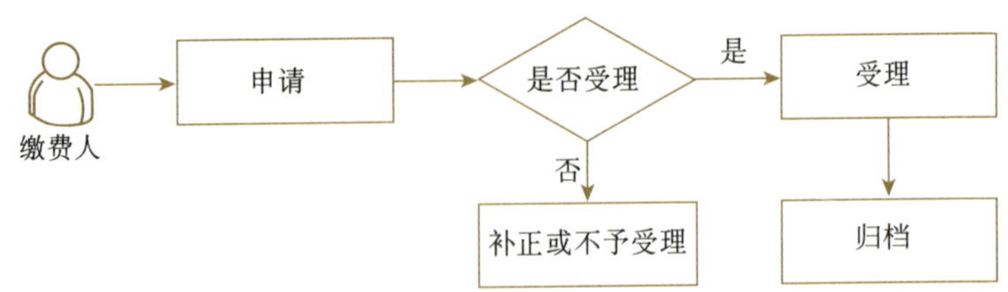

图2－11　灵活就业人员社会保险费申报流程

（六）后续业务

根据应缴费额判断是否需要缴款开票；对于应缴费额大于零的，办理“征收开票”业务。

三、城乡居民社会保险费申报

（一）业务概述

城乡居民社保费申报，分为城乡居民基本养老保险和医疗保险申报，是指参加城乡居民基本社会保险的缴费人或者代办城乡居民基本社会保险的虚拟户代办人向税务机关申报缴纳社会保险费。

城乡居民养老保险申报缴费时，系统有缴费档次及应缴费额，一般可自主选择金额申报缴纳。除正常一年缴纳一次外，在某些特殊情况下，城乡居民基本养老保险可能存在二次缴纳的情形，还允许到龄一次性补缴，由人社部门核定补缴金额，税务部门征收。

城乡居民基本医疗保险，正常为一年缴纳一次，不允许补缴。

（二）政策依据

《中华人民共和国社会保险法》（中华人民共和国主席令第35号）；

《社会保险费申报缴纳管理规定》（中华人民共和国人力资源和社会保障部令第20号）。

（三）办税流程

1. 申请。办理社会保险费申报业务，应在规定期限内，领取并填写社会保险费相关申报表，去相应受理机构提交相关资料，申请办理。缴费人或者代办单位，去社保经办机构进行申报；或者参保缴费人或者城乡居民虚拟户代办人去税务机关进行申报。

2. 受理。申请后，受理机构审核资料是否齐全、填写是否符合规定，接收受理。

（四）报送资料

城乡居民社会保险费申报资料如表2－10所示。

表2－10　城乡居民社会保险费申报报送清单

序号	报送资料名称	必报	条件报送	归档
1	《A06234社会保险费缴费申报表（适用灵活就业人员）》	√		√

（五）示例说明（见图2－12）

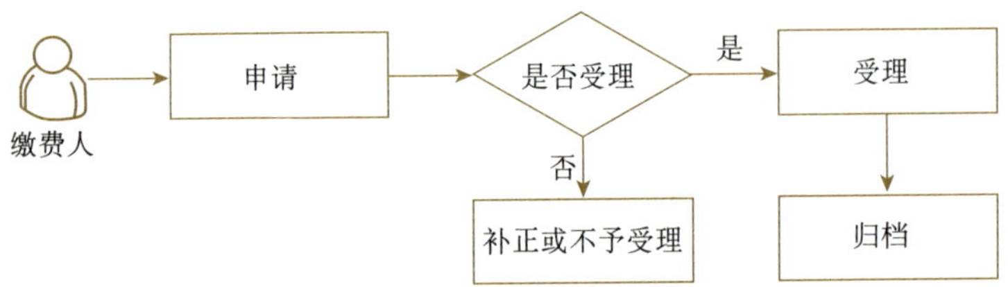

图2－12　城乡居民社保费申报流程

（六）后续业务

根据应缴费额判断是否需要缴款开票；对于应缴费额大于零的，办理“征收开票”业务。

四、建筑业工伤保险费申报

（一）业务概述

建筑业工伤保险费申报是指承建单位在完成工程项目的参保缴费信息关联后，以工程项目为主体向税务机关申报缴纳工程项目的工伤保险费，承建单位直接根据工程项目合同金额作为缴费基数来申报工伤保险费。

建筑施工承包单位以建设项目为单位参加建筑业工伤保险，向项目所在地主管税务机关申请办理缴费登记、核定和申报缴费。

（二）政策依据

《中华人民共和国社会保险法》（中华人民共和国主席令第35号）；

《社会保险费征缴暂行条例》（国务院令第259号）；

《社会保险登记管理暂行办法》（中华人民共和国劳动和社会保障部令第1号）；

《国家税务总局关于发布〈社会保险费及其他基金规费文书式样〉的公告》（国家税务总局公告2015年第98号）；

其他各地相关政策法规。

（三）办税流程

缴费单位持相关证件到税务办税服务厅申请缴费→税务征收窗口受理，审核资料，项目登记，征收工伤保险（缴费单位缴纳工伤保险，取得缴费凭证后，持缴费凭证到当地住房和城乡建设部门办理建筑施工许可手续；同时需持缴费凭证和相关资料到社保部门进行项目参保备案和务工人员备案）。

（四）报送资料

建筑业工伤保险费申报资料如表2－11所示。

表2－11　　建筑业工伤保险费申报报送资料清单

序号	报送资料名称	必报	条件报送	归档
1	《A06135社会保险费缴费申报表（适用单位缴费人）》	√		√
2	《A06136员工社会保险费缴费明细申报表（适用明细申报地区）》		√	√
3	《建筑业施工项目参加工伤保险登记表》	√		√
4	建筑工程施工合同原件及复印件		√	√
5	施工承包单位的工商营业执照原件及复印件		√	√
6	施工承包单位法人身份证复印件		√	√

资料齐全、符合法定形式、填写内容完整的，即时办结；不符合的一次性提示应补正资料。主管税务机关认为业务需在其他部门流转的，以主管税务机关意见为准。

（五）示例说明（见图 2－13）

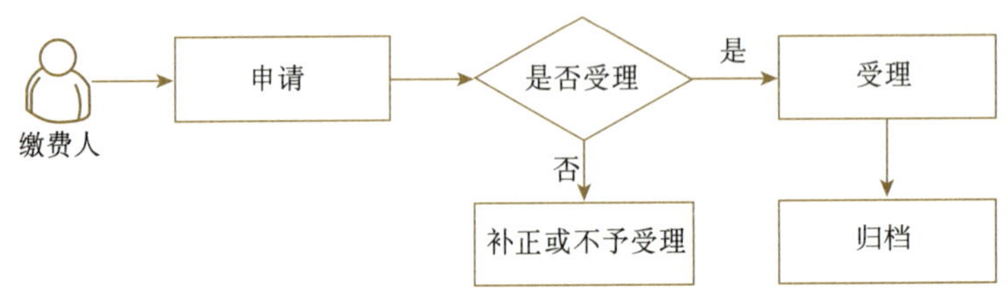

图 2－13　建筑业工伤保险费申报流程

（六）后续业务

根据应缴费额判断是否需要缴款开票；对于应缴费额大于零的，办理“征收开票”业务。

五、社会保险费结算申报

（一）业务概述

各省、自治区、直辖市人民政府规定由税务机关征收社会保险费的，缴费人应当向主管税务机关完成参保缴费信息关联和费种认定后，缴费人在年度终了时，对费种认定中“结算标识”为“是”的费种征收品目进行结算，并根据结算结果，按规定向主管税务机关进行社会保险费退补结算申报。

（二）政策依据

《中华人民共和国社会保险法》（中华人民共和国主席令第 35 号）；

《社会保险费征缴暂行条例》（国务院令第 259 号）；

《社会保险登记管理暂行办法》（中华人民共和国劳动和社会保障部令第 1 号）；

《国家税务总局关于发布〈社会保险费及其他基金规费文书式样〉的公告》（国家税务总局公告 2015 年第 98 号）；

其他各地相关政策法规。

（三）办税流程

1. 办理规范

（1）缴费人提交资料齐全、符合法定形式、相关费种缴费申报表内容填写符合规定的，受理缴费人申报并录入申报信息。

（2）缴费人提交资料不齐全的，申报受理角色可口头或制作《税务事项通知书》（补正内容通知），一次性告知缴费人需补齐补正资料的内容。

（3）缴费人提交资料不符合条件，或缴费人不属于本税务机关管辖范围的，申报受理角色可口头或制作《税务事项通知书》（不予受理通知），告知缴费人不予受理的理由。

2. 归档

归档资料为报送资料清单中标注为归档的各项资料。

3. 办结时限

本事项即时办结。

（四）报送资料

社会保险费结算申报资料如表2－12所示。

表2－12　　社会保险费结算申报报送资料清单

序号	报送资料名称	必报	条件报送	归档	查验	代保管	核销
1	《社会保险费结算申报表》	√		√			
2	《社会保险费工资总额调整项目汇总表》	√		√			

（五）示例说明（见图 2－14）

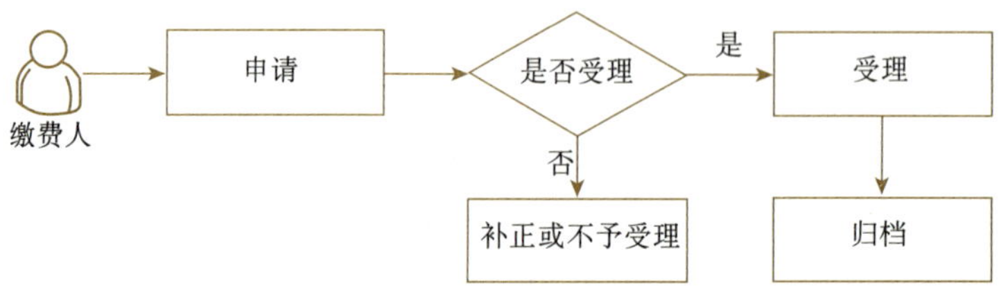

图 2－14　社会保险费结算申报流程

（六）后续业务

根据应缴费额判断是否需要缴款开票；对于应缴费额大于零的，办理“征收开票”业务；对于应缴费额小于零的，办理“社会保险费退费”业务。

六、城乡居民社会保险费虚拟户申报

（一）业务概述

由拟采用社保费虚拟户方式管理的学校、村居民委员会等组织，持有关证件到主管税务机关申请办理城乡居民社保费虚拟户登记后，相关单位或组织在税务机关登记后作为社保费虚拟户的，代办城乡居民社会保险费缴费工作。

（二）政策依据

《中华人民共和国社会保险法》（中华人民共和国主席令第 35 号）；

《社会保险费征缴暂行条例》（国务院令第 259 号）；

《社会保险登记管理暂行办法》（中华人民共和国劳动和社会保障部令第 1 号）；

《国家税务总局关于发布〈社会保险费及其他基金规费文书式样〉的公告》（国家税务总局公告 2015 年第 98 号）；

其他各地相关政策法规。

（三）办税流程

1. 办理规范

（1）缴费人提交资料齐全、符合法定形式、《社会保险费缴费申报表（适用城乡居民虚拟户汇总申报）》、《社会保险费缴费申报表（适用城乡居民虚拟户明细申报）》内容填写符合规定，表内表间逻辑关系正确的，受理缴费人申报并录入申报信息。

（2）缴费人不属于本税务机关管辖范围的，申报受理角色可口头或制作《税务事项通知书》（不予受理通知），告知缴费人不予受理的理由。

（3）缴费人提交资料不齐全、表内表间逻辑关系不正确的，申报受理角色可口头告知或制作《税务事项通知书》（补正内容通知），一次性告知缴费人需补齐补正资料的内容。

2. 归档

归档资料为报送资料清单中标注为归档的各项资料。

3. 办结时限

本事项即时办结。

（四）报送资料

城乡居民社会保险费虚拟户申报资料如表2－13所示。

表2－13　城乡居民社会保险费虚拟户申报报送资料清单

序号	报送资料名称	必报	条件报送	归档	查验	代保管	核销
1	《社会保险费缴费申报表（适用城乡居民虚拟户汇总申报）》	√		√			
2	《社会保险费缴费申报表（适用城乡居民虚拟户明细申报）》	√		√			

（五）示例说明（见图 2－15）

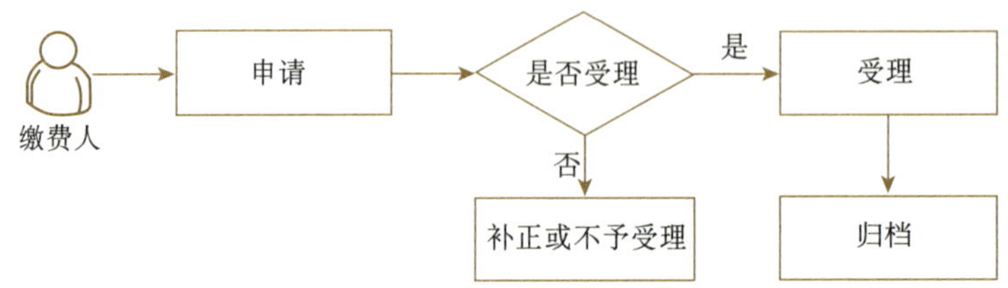

图 2－15　城乡居民社会保险费虚拟户申报流程

（六）后续业务

根据应缴费额判断是否需要缴款开票；对于应缴费额大于零的，办理“征收开票”业务。

七、社会保险费特殊缴费申报

（一）业务概述

社会保险费特殊缴费申报应当先由社保经办机构核定应缴费额后，缴费人再向主管税务机关申报。主要包括历史欠费清缴、政策性补缴等类型，这类情况因涉及劳动关系存续和补欠基数标准确定等问题，需要社保经办机构按政策核定应缴费额后，缴费人再按照核定的应缴费款向税务机关申报，税务机关完成征缴。

（二）政策依据

《中华人民共和国社会保险法》（中华人民共和国主席令第 35 号）；

《社会保险费征缴暂行条例》（国务院令第 259 号）；

《社会保险登记管理暂行办法》（中华人民共和国劳动和社会保障部令第 1 号）；

《国家税务总局关于发布〈社会保险费及其他基金规费文书式样〉的公告》（国家税务总局公告 2015 年第 98 号）；

其他各地相关政策法规。

（三）办税流程

1. 办理规范

（1）缴费人提交资料齐全、符合法定形式、《社会保险费缴费申报表》内容填写符合规定，表内表间逻辑关系正确的，受理缴费人申报并录入申报信息。特殊缴费申报的数据来源有两种方式：一是社保经办机构通过社保费信息共享平台将核定的特殊补费的电子数据传递给税务部门；二是税务机关前台依据社保经办机构统一开具的特殊补费核定单，以手工录入方式将数据导入系统。

（2）缴费人提交资料不符合条件，或缴费人不属于本税务机关管辖范围的，申报受理角色可口头或制作《税务事项通知书》（不予受理通知），告知缴费人不予受理的理由。

（3）缴费人提交资料不齐全、表内表间逻辑关系不正确的，申报受理角色可口头或制作《税务事项通知书》（补正内容通知），一次性告知缴费人需补齐补正资料的内容。

2. 归档

归档资料为报送资料清单中标注为归档的各项资料。

3. 办结时限

本事项即时办结。

（四）报送资料

社会保险费特殊缴费申报资料如表 2－14 所示。

表 2－14　　　　社会保险费特殊缴费申报报送资料清单

序号	报送资料名称	必报	条件报送	归档	查验	代保管	核销
1	《社会保险费缴费申报表（适用城乡居民虚拟户汇总申报）》	√		√			
2	《社会保险费缴费申报表（适用城乡居民虚拟户明细申报）》	√		√			

（五）示例说明（见图 2 – 16）

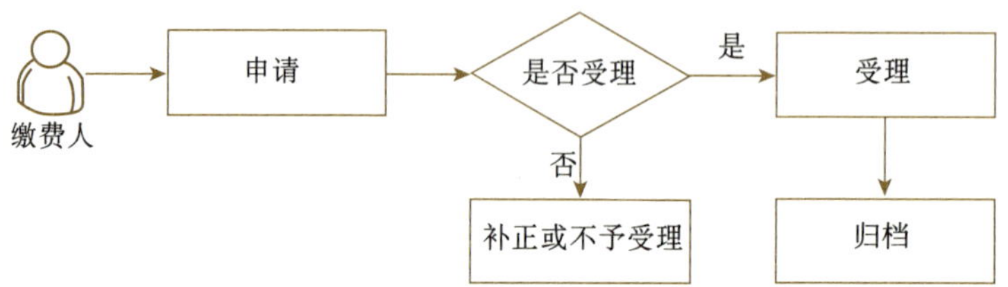

图 2 – 16　社会保险费特殊缴费申报流程

（六）后续业务

根据应缴费额判断是否需要缴款开票；对于应缴费额大于零的，办理“征收开票”业务。

第四节　社保费缴费证明开具

一、业务概述

通过税务机关缴纳社会保险费的，缴费人可以向缴费税务机关申请开具社会保险费缴纳情况的证明。证明开具主要包括以下情形：

1. 通过授权（委托）划缴协议委托银行代扣代缴进行社会保险费批量扣款的。

2. 以单位身份参保的企业员工需要查询单位代缴社会保险费情况的（适用社会保险费明细管理的地区）。

3. 社会保险费缴费人发生社保关系转移等情形。

4. 实行了扣缴义务人明细申报，但信息化条件暂不具备的地区，缴费人向税务机关提出开具缴费证明要求的。

二、政策依据

《中华人民共和国社会保险法》（中华人民共和国主席令35号）；

《社会保险费征缴暂行条例》（中华人民共和国国务院令第259号）；

《社会保险费申报缴纳管理规定》（中华人民共和国人力资源和社会保障部令第20号）；

《国家税务总局关于印发〈税务机关征收社会保险费及其他基金规费管理类文书式样〉的通知》（税总发〔2015〕160号）。

三、办税流程

单位申请办理→税务机关受理→税务机关办理缴费证明开具。

四、报送资料

社保费缴费证明开具资料如表2－15所示。

表2－15　　社保费缴费证明开具报送资料清单

序号	报送资料名称	必报	条件报送	归档
1	《ZM01 社会保险费缴费证明》	√		√
2	缴费人身份证件		√	
3	代理人身份证件		√	
4	已扣缴费款凭证复印件		√	√

五、示例说明（见图2－17）

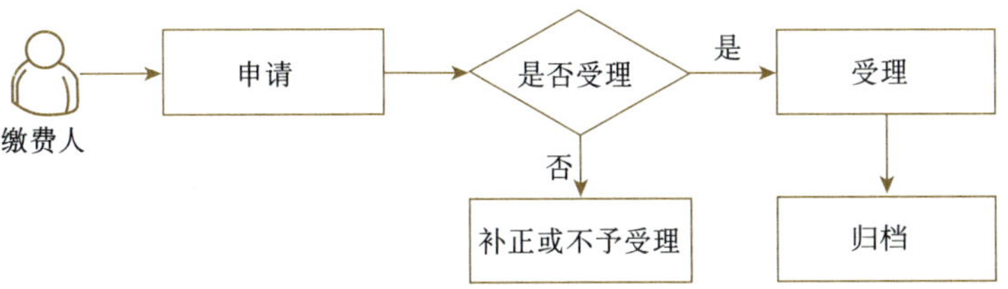

图2－17　社保费缴费证明开具流程

第五节　社保费追欠

一、业务概述

全责征收模式下，欠费即欠缴社会保险费，一般是指特定统筹区域内纳入税务机关征收管理的用人单位（不含灵活就业人员、非全日制从业人员、无雇工个体工商户），未依法缴纳或补足社会保险费（含滞纳金）的情形。

欠费普遍意义仅是指通过用人单位建立社会保险关系，且用人单位拖欠本应承担缴纳义务的职工基本养老保险费、职工基本医疗保险费、工伤保险费、失业保险费和职工生育保险费，所产生的费款和滞纳金等。实际上，欠费一般指用人单位所负担的缴费义务，包括其应履行的代扣代缴的缴费义务。

欠费的产生一般包括以下 3 类：

（1）用人单位已自行申报但逾期未缴纳的社保费。

（2）用人单位已办理社保登记、申报，但未依法按时申报或不如实申报，由税务机关依法确定的社保费。

（3）社保经办机构依法核定，并传递税务机关征收的用人单位逾期未缴纳的社保费。

基于欠费的产生原因，欠费主要分为已登记申报但逾期未缴、少缴欠费；已办理社保登记但未按时或未足额、申报缴纳欠费；未办理社保登记欠费。

《社会保险法》第六十条规定："用人单位应当自行申报、按时足额缴纳社会保险费，非因不可抗力等法定事由不得缓缴、减免。职工应当缴纳的社会保险费由用人单位代扣代缴，用人单位应当按月将缴纳社会保险费的明细情况告知本人。"《社会保险费征缴暂行条例》第十三条规定："缴费单位未按规定缴纳和代扣代缴社会保险费的，由劳动保障行政部门或者税务机关责令限期缴纳；逾期仍不缴纳的，除补缴欠缴数额外，从欠缴之日起，按日加收 2‰的滞纳金。滞纳金并入社会保险基金。"结合上述规定，可以看出，在社保费征收领域，无论是用人单位承担部分还是依法应由个人承担部分，都应由用人单位足额缴纳。

二、政策依据

《中华人民共和国税收征收管理法》；

《中华人民共和国税收征收管理法实施细则》（中华人民共和国国务院令第362号）；

《中华人民共和国社会保险法》（中华人民共和国主席令第35号）；

《社会保险费征缴暂行条例》（中华人民共和国国务院令第259号）；

《社会保险费申报缴纳管理规定》（中华人民共和国人力资源和社会保障部令第20号）；

《国家税务总局关于税务机关征收社会保险费工作的指导意见》（国税发〔2002〕124号）；

《国家税务总局关于发布〈社会保险费及其他基金规费文书式样〉的公告》（国家税务总局公告2015年第98号）。

第六节 社保费违法行为处理

一、业务概述

社保费违法行为处理是指在社会保险费征缴管理工作中，发现的社会保险费征缴违法行为，并对其进行登记、跟踪，根据社会保险费相关法规具体处理。根据国务院《社会保险费征缴暂行条例》、国家劳动保障部《社会保险费征缴监督检查办法》规定：

1. 缴费单位未按规定期限申报缴纳的，从滞纳社会保险费之日起，按日加收5‰的滞纳金；对经税务征收机关责令限期缴纳，逾期仍未缴纳的。经县

（含县）以上税务局（分局）局长批准，可以书面通知缴费单位的开户银行或其他金融机构，从其存款中扣缴应缴社保费和滞纳金。

2. 缴费单位拒不缴纳社会保险费、滞纳金的，税务机关依法申请人民法院强制执行。

3. 缴费单位未按规定申报应缴纳社会保险费数额的，由税务机关责令限期改正；情节严重的，对直接负责的主管人员和其他直接责任人可处1000元以上5000元以下的罚款；情节特别严重的，对直接负责的主管人员和其他直接责任人可处5000元以上10000元以下的罚款。

4. 缴费单位违反有关规定，伪造、变造、故意毁灭有关账册、资料，或者不设账册，致使社会保险费缴费基数无法确定的，对直接负责的主管人员和其他直接责任人处5000元以上20000元以下的罚款。

二、政策依据

《中华人民共和国税收征收管理法》；

《税务登记管理办法》（国家税务总局令第7号）；

《中华人民共和国行政处罚法》；

《中华人民共和国社会保险法》（中华人民共和国主席令第35号）；

《国家税务总局关于发布社会保险费及其他基金规费文书式样的公告》（国家税务总局公告2015年第98号）；

《国家税务总局关于印发〈税务机关征收社会保险费及其他基金规费管理类文书式样〉的通知》（税总发〔2015〕160号）。

三、办税流程

（一）处理

当事人如发生社会保险费征缴违法行为，主管税务机关会对其进行社会保险费征缴违法行为的处理。

1. 责令限期改正。社会保险费征缴违法行为的当事人，税务机关首先责令其在规定的期限内改正违法行为。

2. 责令限期缴纳费用。未及时缴纳社会保险费的当事人，税务机关会责令其在规定的期限内缴纳应缴费款，并开具《ZF01 社会保险费限期缴纳通知书》并依法送达，用人单位逾期仍未缴纳的，税务机关制作《ZF10 -1 社会保险费征收决定书》（通用）送达用人单位。

3. 实施催告。如果社会保险费征缴违法行为当事人并未及时改正，仍未按规定缴纳费款，税务机关可开具《ZF11 -2 社会保险费履行义务催告书》（适用全责征收地区）或《ZF05 责令提供社会保险费担保通知书》，制作《A13080 社会保险费征缴事项通知书》并依法送达，告知违法行为当事人逾期仍未履行义务的，将根据《中华人民共和国社会保险法》第六十三条和《中华人民共和国行政强制法》第四十六条、第五十三条规定强制执行。

4. 申请强制执行。如果社会保险费征缴违法行为当事人并未及时改正，仍未按规定缴纳费款也不提供社会保险费担保，需要对其采取强制执行措施时，税务机关开具《ZF19 -2 社会保险费强制执行申请书》（适用全责征收地区），连同依法做出《ZF01 社会保险费限期缴纳通知书》《ZF11 -2 社会保险费履行义务催告书》等材料送交人民法院申请强制执行。

5. 简易程序处罚。如果社会保险费征缴违法行为当事人并未及时改正，仍未按规定缴纳费款，符合违法事实确凿并有充足法定依据，当情况符合简易程序处罚，税务机关会对自然人处以 50 元以下、对法人或者其他组织处以 1000 元以下罚款处理业务，开具《税务行政处罚决定书（简易）》或《ZF15 社会保险费行政处罚决定书（简易）》送达当事人。

6. 一般程序处罚决定处理。如果社会保险费征缴违法行为当事人并未及时改正，仍未按规定缴纳费款，符合违法事实确凿并有充足法定依据，尚未构成犯罪或者虽构成犯罪但司法机关依法免予刑事处罚，且不适用简易程序处罚，税务机关会进行一般程序处罚决定处理。开具《税务行政处罚决定书》或《ZF14 行政处罚决定书（通用）》或《税务违法事实不成立通知书》或《不予税务行政处罚决定书》，送达当事人。

7. 停供（收缴）发票。如从事生产、经营的社会保险费征缴违法行为当事人，拒不接受税务机关处理的，税务机关需要收缴其发票或者停止向其发售发票，停供（收缴）发票时开具《收缴、停止发售发票决定书》送达当事人。

（二）处理终结

制作《税收（规费）违法行为终结审核表》，审核终结税收（规费）违法行为的处理业务。

四、示例说明（见图2－18）

图2－18　社保费违法行为处理流程

第三章

社保费热点难点问题解答

第一节　社保最新变化

一、征收部门变化

自2019年1月1日起，基本养老保险费、基本医疗保险费、失业保险费、工伤保险费、生育保险费等各项社会保险费，将由税务部门统一征收。

目前，部分企业不给员工办理社会保险，更为常见的是不给员工全额缴纳社会保险。而社保费由税务部门统一征收后，这种情况将得到改善，增加参保人的社保权益。

二、认证工作的变化

2018年7月5日，人社部要求，全面取消领取社保待遇资格集中认证，构建以信息比对为主，退休人员社会化服务与远程认证服务相结合的认证服务模式，不再要求参保人在规定时段到指定地点进行集中认证。

构建以信息比对为主、退休人员社会化服务与远程认证服务相结合的认证服务模式，不再要求参保人在规定时段到指定地点或窗口进行集中认证。异地业务“不用跑”，无谓材料“不用交”，重复表格信息“不用填”。[①]

三、医疗、生育两险合并

（一）社保又迎来重大变化

2019年3月25日，国务院办公厅下发《关于全面推进生育保险和职工基本医疗保险合并实施的意见》（以下简称《意见》）。《意见》提到，将生育医疗费用纳入医保支付方式改革范围，推动住院分娩等医疗费用按病种、产前

① 摘自《人民日报》。

检查按人头等方式付费，原则上实行医疗保险经办机构与定点医疗机构直接结算。

《意见》明确，生育保险基金并入职工基本医疗保险基金，统一征缴，统筹层次一致。按照用人单位参加生育保险和职工基本医疗保险的缴费比例之和，确定新的用人单位职工基本医疗保险费率，个人不缴纳生育保险费。

《意见》要求，确保职工生育期间的生育保险待遇不变。各地要在 2019 年底前实现两项保险合并实施。

（二）对企业的影响

专家认为，两项保险合并实施经办，更加便于企业参保登记，少了一道参保缴费手续，减少手续上的麻烦，会减轻用人单位事务性负担。

从两项保险合并实施的进程来看，它不仅没有增加小微企业参加生育保险的难度，相反更简化了参保手续，消除了政策障碍，提升了管理服务能力。①

第二节　社保常见问题集锦

一、基本养老保险

（一）基本养老保险费由谁承担缴纳？

根据《中华人民共和国社会保险法》（中华人民共和国主席令第 35 号）第二章“基本养老保险”相关条款规定：

职工应当参加基本养老保险，由用人单位和职工共同缴纳基本养老保险费。

---

① 摘自中国新闻网。

无雇工的个体工商户、未在用人单位参加基本养老保险的非全日制从业人员以及其他灵活就业人员可以参加基本养老保险，由个人缴纳基本养老保险费。公务员和参照公务员法管理的工作人员养老保险的办法由国务院规定。

用人单位应当按照国家规定的本单位职工工资总额的比例缴纳基本养老保险费，记入基本养老保险统筹基金。职工应当按照国家规定的本人工资的比例缴纳基本养老保险费，记入个人账户。无雇工的个体工商户、未在用人单位参加基本养老保险的非全日制从业人员以及其他灵活就业人员参加基本养老保险的，应当按照国家规定缴纳基本养老保险费，分别记入基本养老保险统筹基金和个人账户。国有企业、事业单位职工参加基本养老保险前，视同缴费年限期间应当缴纳的基本养老保险费由政府承担。

（二）养老保险缴满 15 年就可以退休?

不是。并非缴满 15 年的养老保险就可以退休，而是要满足退休年龄。以男性职工为例，一般而言，不到 60 岁，即使已经缴纳了 20 年养老保险，也暂不能退休。

（三）养老保险缴费满 15 年就不用再缴纳?

不是。“养老保险累计缴费满 15 年”是办理退休并享受按月领取养老金待遇的必要条件之一。《社会保险法》规定，若按月领取养老金需同时满足：（1）累计缴费满 15 年；（2）达到法定退休年龄。所以员工必须得等到法定退休年龄才能申领养老金待遇。

（四）退休了就能领取养老金?

不是。一般要缴满 15 年，退休时才能终生享受养老金。《社会保险法》规定，参加基本养老保险的个人，达到法定退休年龄时累计缴费不足 15 年的，可以缴费至满 15 年，按月领取基本养老金。所以，想退休时就能拿养老金，务必在自己退休前 15 年就开始缴费。

（五）到达退休年龄时，职工养老保险缴费不满15年怎么办？

1. 允许延长缴费至15年。参保人员达到法定退休年龄后，若城镇职工养老保险缴费不足15年，可以按照国家有关规定在待遇领取地延长缴费至满15年（其中社会保险法实施前参保，延长缴费5年后仍不足15年的，可以一次性缴费至满15年）。

2. 延长缴费未满15年可转入城乡居民养老保险。若延长缴费后其城镇职工养老保险缴费年限仍未满15年，也可以申请从城镇职工养老保险转入城乡居民养老保险，享受相应的养老保险待遇。

3. 可书面申请终止职工基本养老保险关系。个人可以书面申请终止职工基本养老保险关系。社保机构按照程序，经本人书面确认后，终止其职工养老保险关系，并将个人账户储存额一次性支付给本人。

（六）参加基本养老保险的个人，具体到达什么条件可以领取基本养老金？

根据《中华人民共和国社会保险法》（中华人民共和国主席令第35号）第十六条规定：参加基本养老保险的个人，达到法定退休年龄时累计缴费满15年的，按月领取基本养老金。参加基本养老保险的个人，达到法定退休年龄时累计缴费不足15年的，可以缴费至满15年，按月领取基本养老金；也可以转入新型农村社会养老保险或者城镇居民社会养老保险，按照国务院规定享受相应的养老保险待遇。

根据《中华人民共和国社会保险法实施细则》（人社部令13号）第二条、第三条规定：

参加职工基本养老保险的个人达到法定退休年龄时，累计缴费不足15年的，可以延长缴费至满15年。社会保险法实施前参保、延长缴费5年后仍不足15年的，可以一次性缴费至满15年。

参加职工基本养老保险的个人达到法定退休年龄后，累计缴费不足15年的，可以申请转入户籍所在地新型农村社会养老保险或者城镇居民社会养老保险，享受相应的养老保险待遇。

参加职工基本养老保险的个人达到法定退休年龄后，累计缴费不足15年，且未转入新型农村社会养老保险或者城镇居民社会养老保险的，个人可以书面申请终止职工基本养老保险关系。社会保险经办机构收到申请后，应当书面告知其转入新型农村社会养老保险或者城镇居民社会养老保险的权利以及终止职工基本养老保险关系的后果，经本人书面确认后，终止其职工基本养老保险关系，并将个人账户储存额一次性支付给本人。

（七）出现因病或者非因工死亡等情形，基本养老金如何处理?

根据《中华人民共和国社会保险法》（中华人民共和国主席令第35号）第十七条规定：参加基本养老保险的个人，因病或者非因工死亡的，其遗属可以领取丧葬补助金和抚恤金；在未达到法定退休年龄时因病或者非因工致残完全丧失劳动能力的，可以领取病残津贴。所需资金从基本养老保险基金中支付。

（八）个人跨省流动就业，基本养老保险如何处理?

参保人员跨省流动就业，参见《城镇企业职工基本养老保险关系转移接续暂行办法》（国办发〔2009〕66号），《中华人民共和国社会保险法实施细则》（人社部令13号）以及其他相关政策，基本养老保险关系转移接续按下列规定办理：

1. 参保人员返回户籍所在地（指省、自治区、直辖市，下同）就业参保的，户籍所在地的相关社保经办机构应为其及时办理转移接续手续。

2. 参保人员未返回户籍所在地就业参保的，由新参保地的社保经办机构为其及时办理转移接续手续。但对男性年满50周岁和女性年满40周岁的，应在原参保地继续保留基本养老保险关系，同时在新参保地建立临时基本养老保险缴费账户，记录单位和个人全部缴费。参保人员再次跨省流动就业或在新参保地达到待遇领取条件时，将临时基本养老保险缴费账户中的全部缴费本息，转移归集到原参保地或待遇领取地。

3. 参保人员经县级以上党委组织部门、人力资源社会保障行政部门批准调动，且与调入单位建立劳动关系并缴纳基本养老保险费的，不受以上年龄规定限制，应在调入地及时办理基本养老保险关系转移接续手续。

参保人员跨省流动就业的，由原参保所在地社会保险经办机构开具参保缴费凭证，其基本养老保险关系应随同转移到新参保地，按下列程序办理基本养老保险关系转移接续手续：

1. 参保人员在新就业地按规定建立基本养老保险关系和缴费后，由用人单位向社保经办机构提出基本养老保险关系转移接续的书面申请。

2. 新参保地社保经办机构在15个工作日内，审核转移接续申请，对符合条件的，向参保人员发出同意接收函，并提供相关信息；对不符合转移接续条件的，做出书面说明。

3. 原基本养老保险关系所在地社保经办机构在接到同意接收函的15个工作日内，办理好转移接续的各项手续。

4. 新参保地社保经办机构在收到参保人员原基本养老保险关系所在地社保经办机构转移的基本养老保险关系和资金后，应在15个工作日内办结有关手续，及时通知用人单位或参保人员。

具体办理程序，以当地的社会保险经办机构为准。

（九）职工基本养老保险个人账户能否提前支取?

根据《中华人民共和国社会保险法实施细则》（人社部令13号）第六条规定：职工基本养老保险个人账户不得提前支取。

个人在达到法定的领取基本养老金条件前离境定居的，其个人账户予以保留，达到法定领取条件时，按照国家规定享受相应的养老保险待遇。其中，丧失中华人民共和国国籍的，可以在其离境时或者离境后书面申请终止职工基本养老保险关系。社会保险经办机构收到申请后，应当书面告知其保留个人账户的权利以及终止职工基本养老保险关系的后果，经本人书面确认后，终止其职工基本养老保险关系，并将个人账户储存额一次性支付给本人。

参加职工基本养老保险的个人死亡后，其个人账户中的余额可以全部依法继承。

（十）职工基本养老保险转移的时候，转移资金的计算方法是什么？

参保人员跨省流动就业转移基本养老保险关系时，按下列方法计算转移资金：

1. 个人账户储存额：1998 年 1 月 1 日之前按个人缴费累计本息计算转移，1998 年 1 月 1 日后按计入个人账户的全部储存额计算转移。

2. 统筹基金（单位缴费）：以本人 1998 年 1 月 1 日后各年度实际缴费工资为基数，按 12% 的总和转移，参保缴费不足 1 年的，按实际缴费月数计算转移。

（十一）异地转移接续后，到了退休年龄，去哪里领取养老金待遇呢？

分为以下几种情况：

1. 基本养老保险关系在户籍所在地的，由户籍所在地负责办理待遇领取手续，享受基本养老保险待遇。

2. 基本养老保险关系不在户籍所在地，而在其基本养老保险关系所在地累计缴费年限满 10 年的，在该地办理待遇领取手续，享受当地基本养老保险待遇。

3. 基本养老保险关系不在户籍所在地，且在其基本养老保险关系所在地累计缴费年限不满 10 年的，将其基本养老保险关系转回上一个缴费年限满 10 年的原参保地办理待遇领取手续，享受基本养老保险待遇。

4. 基本养老保险关系不在户籍所在地，且在每个参保地的累计缴费年限均不满 10 年的，将其基本养老保险关系及相应资金归集到户籍所在地，由户籍所在地按规定办理待遇领取手续，享受基本养老保险待遇。

参保人员转移接续基本养老保险关系后，符合待遇领取条件的，以本人各年度缴费工资、缴费年限和待遇领取地对应的各年度在岗职工平均工资计算其基本养老金。

（十二）农民工参加职工基本养老保险相关的政策是什么样的？

农民工中断就业或返乡没有继续缴费的，由原参保地社保经办机构保留其基本养老保险关系，保存其全部参保缴费记录及个人账户，个人账户储存额继续按规定计息。

农民工返回城镇就业并继续参保缴费的，无论其回到原参保地就业还是到其他城镇就业，均按前述规定累计计算其缴费年限，合并计算其个人账户储存额，符合待遇领取条件的，与城镇职工同样享受基本养老保险待遇。

农民工不再返回城镇就业的，其在城镇参保缴费记录及个人账户全部有效，并根据农民工的实际情况，或在其达到规定领取条件时享受城镇职工基本养老保险待遇，或转入新型农村社会养老保险。

二、基本医疗保险

（一）基本医疗保险由谁承担缴纳?

根据《中华人民共和国社会保险法》（中华人民共和国主席令第35号）相关规定：

职工应当参加职工基本医疗保险，由用人单位和职工按照国家规定共同缴纳基本医疗保险费。

无雇工的个体工商户、未在用人单位参加职工基本医疗保险的非全日制从业人员以及其他灵活就业人员可以参加职工基本医疗保险，由个人按照国家规定缴纳基本医疗保险费。国家建立和完善新型农村合作医疗制度，新型农村合作医疗的管理办法，由国务院规定。国家建立和完善城镇居民基本医疗保险制度，城镇居民基本医疗保险实行个人缴费和政府补贴相结合。享受最低生活保障的人、丧失劳动能力的残疾人、低收入家庭60周岁以上的老年人和未成年人等所需个人缴费部分，由政府给予补贴。

职工基本医疗保险、新型农村合作医疗和城镇居民基本医疗保险的待遇标准按照国家规定执行。

（二）医保断缴会清零吗?

以广州市为例，目前广州市医药的缴费历史是累计计算的，参保人员停止缴费并不会导致缴费历史清零，但是断缴影响会有很多，如：

1. 停止缴费次月，停止享受职工社会医疗保险待遇。

2. 外地户籍人员积分制入户入学、购房买车等都与医保缴费年限息息相关。

3. 参保人达到法定退休年龄需缴满最低年限才能享受退休医保待遇。

（三）异地就医直接结算怎么办？

1. 先备案，参保人员跨省就医之前需要在参保地的经办机构进行备案。经办机构采集必要的信息。

2. 选定点，从公布名单中选定点医疗机构。参保人员可登录人社部社会保险网查询系统（si. 12333. gov. cn）查询可供选择直接结算的“全国异地定点医疗机构”。

3. 持卡就医，就医人员就医时一定要带上社保卡，它是异地就医身份识别和直接结算的唯一凭证。

（四）哪些医疗费用不能纳入基本医疗保险基金支付范围？

根据《中华人民共和国社会保险法》（中华人民共和国主席令第35号）第三十条规定，下列医疗费用不纳入基本医疗保险基金支付范围：

1. 应当从工伤保险基金中支付的；

2. 应当由第三人负担的；

3. 应当由公共卫生负担的；

4. 在境外就医的。

医疗费用依法应当由第三人负担，第三人不支付或者无法确定第三人的，由基本医疗保险基金先行支付，基本医疗保险基金先行支付后，有权向第三人追偿。

（五）个人跨统筹地区就业其基本医疗保险关系能否转移？

根据《中华人民共和国社会保险法》（中华人民共和国主席令第35号）第三十二条规定：个人跨统筹地区就业的，其基本医疗保险关系随本人转移，缴费年限累计计算。

（六）领取失业保险金人员参加职工医保，个人是否需要缴费？

根据《关于领取失业保险金人员参加职工基本医疗保险有关问题的通知》（人社部发〔2011〕77号）第二条、第四条相关规定：

领取失业保险金人员参加职工医保应缴纳的基本医疗保险费从失业保险基金中支付，个人不缴费。

领取失业保险金人员出现法律规定的情形或领取期满而停止领取失业保险金的，失业保险经办机构为其办理停止缴纳基本医疗保险费的相关手续。失业保险经办机构应将缴费金额、缴费时间等有关信息及时告知医疗保险经办机构和领取失业保险金人员本人。

停止领取失业保险金人员按规定相应参加职工医保、城镇居民基本医疗保险或新型农村合作医疗。

三、失业保险

（一）失业保险费由谁缴纳承担？

根据《中华人民共和国社会保险法》（中华人民共和国主席令第35号）第五章“失业保险”相关规定：

职工应当参加失业保险，由用人单位和职工按照国家规定共同缴纳失业保险费。失业人员符合下列条件的，从失业保险基金中领取失业保险金：

1. 失业前用人单位和本人已经缴纳失业保险费满1年的。
2. 非因本人意愿中断就业的。
3. 已经进行失业登记，并有求职要求的。

提醒：

失业人员在领取失业保险金期间，参加职工基本医疗保险，享受基本医疗保险待遇。失业人员应当缴纳的基本医疗保险费从失业保险基金中支付，个人不缴纳基本医疗保险费。

（二）哪些情形下，可以领取失业保险金？

根据《中华人民共和国社会保险法》（中华人民共和国主席令第 35 号）第四十五条规定，失业人员符合下列条件的，从失业保险基金中领取失业保险金：

1. 失业前用人单位和本人已经缴纳失业保险费满 1 年的。

2. 非因本人意愿中断就业的。

3. 已经进行失业登记，并有求职要求的。

（三）非因本人意愿中断就业包括哪些情形？

根据《中华人民共和国社会保险法实施细则》（人社部令 13 号）第十三条规定：

失业人员符合社会保险法第四十五条规定条件的，可以申请领取失业保险金并享受其他失业保险待遇。其中，非因本人意愿中断就业包括下列情形：

1. 依照劳动合同法第四十四条第一项、第四项、第五项规定终止劳动合同的。

2. 由用人单位依照劳动合同法第三十九条、第四十条、第四十一条规定解除劳动合同的。

3. 用人单位依照劳动合同法第三十六条规定向劳动者提出解除劳动合同并与劳动者协商一致解除劳动合同的。

4. 由用人单位提出解除聘用合同或者被用人单位辞退、除名、开除的。

5. 劳动者本人依照劳动合同法第三十八条规定解除劳动合同的。

6. 法律、法规、规章规定的其他情形。

（四）失业人员停止领取失业保险金的情形有哪些？

根据《中华人民共和国社会保险法》（中华人民共和国主席令第 35 号）第五十一条规定，失业人员在领取失业保险金期间有下列情形之一的，停止领取失业保险金，并同时停止享受其他失业保险待遇：

1. 重新就业的。

2. 应征服兵役的。

3. 移居境外的。

4. 享受基本养老保险待遇的。

5. 无正当理由，拒不接受当地人民政府指定部门或者机构介绍的适当工作或者提供的培训的。

（五）领取失业保险金的最长期限如何确定？

根据《中华人民共和国社会保险法》（中华人民共和国主席令第 35 号）第四十六条规定：

失业人员失业前用人单位和本人累计缴费满 1 年不足 5 年的，领取失业保险金的期限最长为 12 个月；累计缴费满 5 年不足 10 年的，领取失业保险金的期限最长为 18 个月；累计缴费 10 年以上的，领取失业保险金的期限最长为 24 个月。

重新就业后，再次失业的，缴费时间重新计算，领取失业保险金的期限与前次失业应当领取而尚未领取的失业保险金的期限合并计算，最长不超过 24 个月。

四、工伤保险

（一）工伤保险由谁缴纳？缴费费率如何确定？

根据《中华人民共和国社会保险法》（中华人民共和国主席令第 35 号）第四章“工伤保险”相关规定：

职工应当参加工伤保险，由用人单位缴纳工伤保险费，职工不缴纳工伤保险费。

国家根据不同行业的工伤风险程度确定行业的差别费率，并根据使用工伤保险基金、工伤发生率等情况在每个行业内确定费率档次。行业差别费率和行业内费率档次由国务院社会保险行政部门制定，报国务院批准后公布施行。社会保险经办机构根据用人单位使用工伤保险基金、工伤发生率和所属行业费率档次等情况，确定用人单位缴费费率。用人单位应当按照本单位职工工资总额，根据社会保险经办机构确定的费率缴纳工伤保险费。

提醒：

根据《中华人民共和国社会保险法实施细则》（人社部令13号）第九条规定，职工（包括非全日制从业人员）在两个或者两个以上用人单位同时就业的，各用人单位应当分别为职工缴纳工伤保险费。职工发生工伤，由职工受到伤害时工作的单位依法承担工伤保险责任。

（二）什么情况可享受工伤保险待遇？

职工因工作原因受到事故伤害或者患职业病，且经工伤认定的，享受工伤保险待遇；其中，经劳动能力鉴定丧失劳动能力的，享受伤残待遇。工伤认定和劳动能力鉴定应当简捷、方便。

（三）哪些情形应当认定为工伤？

1. 工作时间和工作场所内，因工作原因受到事故伤害。

2. 工作时间前后在工作场所内，从事与工作有关的预备性或收尾性工作受到事故伤害。

3. 在工作时间和工作场所内，因履行工作职责受到暴力等意外伤害的。

4. 患职业病。

5. 上下班途中，受到非本人主要责任的交通事故或城市轨道交通、客运轮渡、火车事故伤害的。

6. 因工外出期间，由于工作原因受到伤害或者发生事故下落不明的。

7. 法律、行政法规规定应当认定为工伤的其他情形。

（四）哪些情形不能被认定为工伤？

根据《中华人民共和国社会保险法》（中华人民共和国主席令第35号）第三十七条规定，职工因下列情形之一导致本人在工作中伤亡的，不认定为工伤：

1. 故意犯罪。

2. 醉酒或者吸毒。

3. 自残或者自杀。

4. 法律、行政法规规定的其他情形。

根据《中华人民共和国社会保险法实施细则》（人社部令 13 号）第十条规定：

社会保险法第三十七条第二项中的醉酒标准，按照《车辆驾驶人员血液、呼气酒精含量阈值与检验》（GB19522－2004）执行。公安机关交通管理部门、医疗机构等有关单位依法出具的检测结论、诊断证明等材料，可以作为认定醉酒的依据。

（五）因工伤发生的费用，哪些可以从工伤保险基金中支付?

根据《中华人民共和国社会保险法》（中华人民共和国主席令第 35 号）第三十八条规定，因工伤发生的下列费用，按照国家规定从工伤保险基金中支付：

1. 治疗工伤的医疗费用和康复费用。

2. 住院伙食补助费。

3. 到统筹地区以外就医的交通食宿费。

4. 安装配置伤残辅助器具所需费用。

5. 生活不能自理的，经劳动能力鉴定委员会确认的生活护理费。

6. 一次性伤残补助金和一至四级伤残职工按月领取的伤残津贴。

7. 终止或者解除劳动合同时，应当享受的一次性医疗补助金。

8. 因工死亡的，其遗属领取的丧葬补助金、供养亲属抚恤金和因工死亡补助金。

9. 劳动能力鉴定费。

（六）因工伤发生的费用，哪些由用人单位负责支付?

根据《中华人民共和国社会保险法》（中华人民共和国主席令第 35 号）

第三十九条规定，因工伤发生的下列费用，按照国家规定由用人单位支付：

1. 治疗工伤期间的工资福利。

2. 五级、六级伤残职工按月领取的伤残津贴。

3. 终止或者解除劳动合同时，应当享受的一次性伤残就业补助金。

根据《中华人民共和国社会保险法实施细则》（人社部令 13 号）第十二条规定：

社会保险法第三十九条第一项治疗工伤期间的工资福利，按照《工伤保险条例》第三十三条有关职工在停工留薪期内应当享受的工资福利和护理等待遇的规定执行。

（七）一次性工亡补助金标准如何确定？

根据《中华人民共和国社会保险法实施细则》（人社部令 13 号）第十一条规定：

社会保险法第三十八条第八项中的因工死亡补助金是指《工伤保险条例》第三十九条的一次性工亡补助金，标准为工伤发生时上一年度全国城镇居民人均可支配收入的 20 倍。

上一年度全国城镇居民人均可支配收入以国家统计局公布的数据为准。

（八）同时在多个单位就业，职工发生工伤由谁承担责任？

根据《中华人民共和国社会保险法实施细则》（人社部令 13 号）第九条规定：

职工（包括非全日制从业人员）在两个或者两个以上用人单位同时就业的，各用人单位应当分别为职工缴纳工伤保险费。职工发生工伤，由职工受到伤害时工作的单位依法承担工伤保险责任。

（九）职工所在用人单位未依法缴纳工伤保险费，发生工伤事故时如何处理？

根据《中华人民共和国社会保险法》（中华人民共和国主席令第 35 号）第四十一条规定：

职工所在用人单位未依法缴纳工伤保险费，发生工伤事故的，由用人单位支付工伤保险待遇。用人单位不支付的，从工伤保险基金中先行支付。

从工伤保险基金中先行支付的工伤保险待遇应当由用人单位偿还，用人单位不偿还的，社会保险经办机构可以依照规定追偿。

（十）什么情况工伤保险基金可先行支付?

职工所在用人单位未依法缴纳工伤保险费，发生工伤事故的，由用人单位支付工伤保险待遇。用人单位不支付的，从工伤保险基金中先行支付。

从工伤保险基金中先行支付的工伤保险待遇应当由用人单位偿还。用人单位不偿还的，社会保险经办机构可以依法追偿。

由于第三人原因造成工伤的，第三人不支付工伤医疗费用或者无法确定第三人的，由工伤保险基金先行支付。工伤保险基金先行支付后，有权向第三人追偿。①

（十一）职业病算工伤吗?

职业病算工伤。《工伤保险条例》第十四条明确规定，职工患有“患职业病”情况的，应当认定为工伤。

1. 什么是职业病?

职业病是指《职业病防治法》明文规定的企业、事业单位和个体经济组织等用人单位的劳动者在职业活动中，因接触粉尘、放射性物质和其他有毒、有害因素而引起的疾病。

按照我国 2013 颁布的《职业病分类和目录》，目前国家法定职业病包括 10 类 132 种。职业病诊断必须由经省、自治区、直辖市人民政府卫生行政部门批准的医疗卫生机构承担。劳动者的职业史、职业病危害接触史和工作场所职业病危害因素情况、临床表现等都是职业病诊断的依据。

2. 不同时段，患职业病怎么处理?

---

① 参见《中华人民共和国社会保险法》（中华人民共和国主席令第 35 号）。

（1）在岗阶段。《工伤保险条例》规定，职工按照《职业病防治法》规定被诊断、鉴定为职业病，所在单位应当自被诊断、鉴定为职业病之日起30日内，向统筹地区社会保险行政部门提出工伤认定申请，依法享受工伤保险待遇。

用人单位未按规定提出工伤认定申请的，工伤职工或者其近亲属、工会组织在被诊断、鉴定为职业病之日起1年内，可以直接向用人单位所在地统筹地区社会保险行政部门提出工伤认定申请，争取工伤权益。

（2）离职或退休、退职前。用人单位对接触职业危害作业的职工，在终止、解除劳动合同时或者办理退休、退职手续前，应进行职业健康检查，并将检查结果告知职工。被确诊患有职业病的，应办理工伤认定、劳动能力鉴定、待遇核定手续，并按规定享受工伤保险待遇。山东省等一些省市还特别规定，职工被确诊为职业病的，一次性工伤医疗补助金在规定标准基础上加发50%。

（3）离岗或退休后。《人力资源和社会保障部关于执行〈工伤保险条例〉若干问题的意见》第八条规定，曾经从事接触职业病危害作业、当时没有发现罹患职业病、离开工作岗位后被诊断或鉴定为职业病的符合下列条件的人员，可以自诊断、鉴定为职业病之日起1年内申请工伤认定：（一）办理退休手续后，未再从事接触职业病危害作业的退休人员；（二）劳动或聘用合同期满后或者本人提出而解除劳动或聘用合同后，未再从事接触职业病危害作业的人员。

经工伤认定和劳动能力鉴定，前款第（一）项人员符合领取一次性伤残补助金条件的，按就高原则以本人退休前12个月平均月缴费工资或者确诊职业病前12个月的月平均养老金为基数计发。前款第（二）项人员被鉴定为一级至十级伤残、按《工伤保险条例》规定应以本人工资作为基数享受相关待遇的，按本人终止或者解除劳动、聘用合同前12个月平均月缴费工资计发。

按照《人力资源和社会保障部关于执行〈工伤保险条例〉若干问题的意见》第八条规定被认定为工伤的职业病人员，职业病诊断证明书（或职业病诊断鉴定书）中明确的用人单位，在该职工从业期间依法为其缴纳工伤保险费的，按《条例》的规定，分别由工伤保险基金和用人单位支付工伤保险待遇；未依法为该职工缴纳工伤保险费的，由用人单位按照《工伤保险条例》规定的相关项目和标准支付待遇。

3. 职业病职工还享有哪些权益？

为了预防、控制和消除职业病危害，我国制定了包括《职业病防治法》在内的一系列法律法规和防治政策。职工和用人单位应该加强了解，认真遵守，依法执行。用人单位应加强劳动过程中的防护与管理，保护劳动者健康及其相关权益。

职业病病人除依法享有工伤保险外，依照有关民事法律，尚有获得赔偿权利的，有权向用人单位提出赔偿要求。用人单位已经不存在或者无法确认劳动关系的职业病病人，还可以向地方人民政府民政部门申请医疗救助和生活等方面的救助。

（十二）因工外出，为何工伤认定不一样？

《工伤保险条例》第十四条第（五）项规定，职工因工外出期间，由于工作原因受到伤害或者发生事故下落不明的，应当认定为工伤。

1. 名词解释。“因工外出”：是指职工不在本单位的工作范围内，由于工作需要被领导指派到本单位以外工作，或者为了更好地完成工作，自己到本单位以外从事与本职工作有关的工作。

“由于工作原因受到伤害”：是指由于工作原因直接或间接造成的伤害，包括事故伤害、暴力伤害和其他形式的伤害。

“发生事故下落不明”：是指因遭受安全事故、意外事故或者自然灾害等各种形式的事故而失去任何音讯、职工处于生死不确定的情形。

2. “因工外出”认定。实践中，即便都是“因工外出”，案情略有差异，结果就可能不同。

工伤保险部门工作人员在对这类案件做出认定时，需要一双“火眼金睛”。

（1）因工外出的区域“远近有别”。因工外出的“外出”包括两层含义：

一是指职工到本单位以外，但是还在本地范围内；二是指职工不仅离开了本单位，并且到外地去了。

在第一种情况下，职工可以是受用人单位或领导指派，也可以是根据工作岗位性质要求或因职责需要自行到工作场所以外从事与工作职责有关活动。

在第二种情况下，职工必须是受用人单位或领导指派的情形，如有会议通知、派工单等。

【案例一】 燕某系某建设集团公司的职工，受单位委派到市住建委领取公司二级建造师准考证。燕某领完证后在下楼时不慎踩空台阶，摔倒受伤。经单位申请，燕某被认定为工伤。本案属于第一种情况。

【案例二】 王某系某市自来水公司的职工，单位委派其赴省城排水水质监测中心联系项目业务。王某在办理完公务从省城返回途中，发生交通事故导致死亡。经单位申请，王某被认定为工亡。本案属于第二种情况。

（2）因工外出的活动“公私有别”。根据人力资源和社会保障部和最高人民法院的有关规定，下列情形均属因工外出期间的活动：（一）职工受用人单位指派或者因工作需要在工作场所以外从事与工作职责有关的活动；（二）职工受用人单位指派外出学习或者开会等；（三）职工因工作需要的其他外出活动。

职工因工外出期间，由于工作原因受到伤害，才可以认定工伤。这里的工作原因包括直接工作原因和间接工作原因。间接工作原因是指因工外出期间为解决必需的生理需要而受伤。

职工因工外出期间从事与工作或者与用人单位指派外出学习、开会无关的个人活动受伤，如在办私事，自行从事的餐饮、旅游观光、休闲娱乐等活动中受伤，不能认定为工伤。

（3）因工外出的时间“长短有别”。一般情况下，因工外出期间应看作一个连续的整体。值得注意的是，《工伤保险条例》第十四条第（五）项的规定，仅适用于短期因工外出的情形。有些单位有职工长期外派，甚至长期境外工作的情况，不能机械地套用因工外出条款。

对此人力资源和社会保障部《关于执行〈工伤保险条例〉若干问题意

见》（二）规定，职工因工作原因驻外，有固定的住所、有明确的作息时间，工伤认定时按照在驻在地当地正常工作的情形处理。

也就是说要按当地正常工作制度、正常上下班等情况分别认定，不能直接适用“因工外出期间”的规定。

（4）特别注意。因工外出适用“工作原因”推定原则。因工外出期间情况特殊、情形复杂，没有证据否定职工因工外出期间受到的伤害与工作之间有必然联系的，在排除其他非工作原因后，应该认定为工作原因。这样规定是为了更好地保护因工外出职工的合法权益。

五、生育保险

（一）职工可享受的生育保险待遇有哪些?

根据《中华人民共和国社会保险法》（中华人民共和国主席令第 35 号）第五十四条、五十五条、五十六相关规定：

生育保险待遇包括生育医疗费用和生育津贴。

生育医疗费用包括：生育的医疗费用、计划生育的医疗费用、法律法规规定的其他项目费用。

生育津贴按照职工所在用人单位上年度职工月平均工资计发。职工有下列情形之一的，可以按照国家规定享受生育津贴：

1. 女职工生育享受产假。
2. 享受计划生育手术休假。
3. 法律、法规规定的其他情形。

（二）男职工也要缴纳生育保险吗?

男职工也需要缴纳生育保险。

生育保险是由企业缴纳，员工不缴纳，但是无论男女都需要缴，男职工的未就业的配偶，也可以享受生育医疗费用待遇，所需资金从生育保险资金中支付。

（三）生育险如何报销?

因怀孕生育而花费的产检费、接生费、手术费、住院费、药费等都可以通过生育保险进行报销，但支付方式各有不同。

1. 针对怀孕期间的产检费，生育保险基金采取限额支付。

每次产检费报销限额标准从 330 元至 1400 元不等。产检费在限额内的，按实际支出报销，超过限额标准的按限额标准报销。

2. 针对住院分娩期间产生的医疗费用、住院费用、药费等，生育保险基金采取定额支付。

（1）产妇自然分娩，可定额报销 3000 元。

（2）人工干预分娩，可定额报销 3300 元。

（3）如果产妇采取剖宫产手术，可定额报销 4400 元。

（4）如果是双胞胎或多胞胎，每增加一胎，定额支付标准在原基础上上调 10%。

3. 按项目报销。针对住院分娩过程中出现严重并发症，因此发生的医疗费用及住院的医事服务费，生育保险基金予以全额报销。

六、综合篇

（一）少报社保缴费对工资有什么影响?

1. 单位少报缴费工资，影响最直接的就是我们医保账户中的“救命钱”。

缴费工资报少了，划入个人账户的金额也就相应减少了。

因为每月划入个人账户的比例是缴费工资的 3% 左右，如果单位少报 1000 元工资，那么每月划入个人账户的金额就会减少 30 元，一年算下来就少了 360 元。

如果看病买药时医保账户中的钱不够了，还得参保人自己承担。

2. 单位少报缴费工资，还会影响到职工退休后的“养命钱”。

平时看大爷大妈银行排队领养老金，不少人心里肯定盘算自己退休后能领多少养老金，而养老金的多少，和申报的职工缴费工资也有直接的关系。

基本养老金是由基础养老金和个人账户养老金组成。其中，基础养老金依据参保人员在职期间的缴费工资和全市职工平均工资的比值计算。

职工缴费工资越高，基础养老金也会越高，同时个人累计账户金额也会越多，退休时领取的基本养老金也越高，反之则越低。

3. 受少报缴费工资影响的，还有职工工伤待遇。

如果职工发生工伤，他的工伤残津贴、工伤职工一次性伤残补助金等待遇的发放，都参照职工申报的缴费工资计算。

以发生四级伤残为例，如果单位少报 1000 元，职工将少拿伤残补助金 21000 元，同时每月还将少拿 750 元伤残津贴。单位省了小钱，却会给职工带来巨大的损失。

（二）跨省流动就业的参保人员达到待遇领取条件时，如何确定其待遇领取地？

根据《国务院办公厅关于转发人力资源和社会保障部财政部城镇企业职工基本养老保险关系转移接续暂行办法的通知》（国办发〔2009〕66 号）第六条规定：

跨省流动就业的参保人员达到待遇领取条件时，按下列规定确定其待遇领取地：

1. 基本养老保险关系在户籍所在地的，由户籍所在地负责办理待遇领取手续，享受基本养老保险待遇。

2. 基本养老保险关系不在户籍所在地，而在其基本养老保险关系所在地累计缴费年限满 10 年的，在该地办理待遇领取手续，享受当地基本养老保险待遇。

3. 基本养老保险关系不在户籍所在地，且在其基本养老保险关系所在地累计缴费年限不满 10 年的，将其基本养老保险关系转回上一个缴费年限满 10 年的原参保地办理待遇领取手续，享受基本养老保险待遇。

4. 基本养老保险关系不在户籍所在地，且在每个参保地的累计缴费年限均不满 10 年的，将其基本养老保险关系及相应资金归集到户籍所在地，由户籍所在地按规定办理待遇领取手续，享受基本养老保险待遇。

（三）在社保费领域有违法失信行为的责任人会被采取哪些惩戒?

根据《中华人民共和国社会保险法》（中华人民共和国主席令第35号）第十一章“法律责任”相关规定：

用人单位不办理社会保险登记的，由社会保险行政部门责令限期改正；逾期不改正的，对用人单位处应缴社会保险费数额1倍以上3倍以下的罚款，对其直接负责的主管人员和其他直接责任人员处500元以上3000元以下的罚款。

用人单位未按时足额缴纳社会保险费的，由社会保险费征收机构责令限期缴纳或者补足，并自欠缴之日起，按日加收0.5‰的滞纳金；逾期仍不缴纳的，由有关行政部门处欠缴数额1倍以上3倍以下的罚款。

社会保险经办机构以及医疗机构、药品经营单位等社会保险服务机构以欺诈、伪造证明材料或者其他手段骗取社会保险基金支出的，由社会保险行政部门责令退回骗取的社会保险金，处骗取金额2倍以上5倍以下的罚款；属于社会保险服务机构的，解除服务协议；直接负责的主管人员和其他直接责任人员有执业资格的，依法吊销其执业资格。

以欺诈、伪造证明材料或者其他手段骗取社会保险待遇的，由社会保险行政部门责令退回骗取的社会保险金，处骗取金额2倍以上5倍以下的罚款。

国家工作人员在社会保险管理、监督工作中滥用职权、玩忽职守、徇私舞弊的，依法给予处分。违反本法规定，构成犯罪的，依法追究刑事责任。

其他惩戒：

在社会保险领域中存在以下情形的即为严重失信行为责任人。

用人单位未按相关规定参加社会保险且拒不整改的；用人单位未如实申报社会保险缴费基数且拒不整改的；应缴纳社会保险费且具备缴纳能力但拒不缴纳的；隐匿、转移、侵占、挪用社会保险基金或者违规投资运营的；以欺诈、伪造证明材料或者其他手段骗取社会保险待遇的；社会保险服务机构违反服务协议或相关规定的；拒绝协助社会保险行政部门对事故和问题进行调查核实的。

根据《关于在一定期限内适当限制特定严重失信人乘坐民用航空器 推动社会信用体系建设的意见》(发改财金〔2018〕385 号)相关规定，对特定严重失信人在一定期限内适当限制乘坐民用航空器。

根据《关于在一定期限内适当限制特定严重失信人乘坐火车推动社会信用体系建设的意见》(发改财金〔2018〕384 号)相关规定，对上述行为责任人限制乘坐火车高级别席位，包括列车软卧、G 字头动车组列车全部座位、其他动车组列车一等座以上座位。

(四) 临时工到底要不要缴纳社保?

临时工主要有以下 4 种情形：

1. 与临时工存在聘用关系，双方存在实际雇佣关系。

若临时工与企业：

(1) 存在实际雇佣关系签订了劳动合同；

(2) 按月定期支付报酬。

企业需要按照“工资薪金”给临时工发放报酬，同时需要帮临时工代扣代缴社保以及个税。如果这些员工已经在其他单位交纳了，就不需要再重复交纳。

政策依据：

《企业所得税法实施条例》第三十四条规定，企业每一纳税年度支付给在本企业任职或者受雇员工的所有现金形式或者非现金形式的劳动报酬，应作为工资薪金，准予在税前扣除。企业雇佣季节工、临时工、实习生、返聘离退休人员以及接受外部劳务派遣用工，也属于企业任职或者受雇员工范畴。

2. 与临时工不存在聘用关系，临时工提供劳务，不存在实际雇佣关系。

如果临时工与企业：

(1) 不存在实际雇佣关系；

(2) 没有与单位签订有期限的劳动合同；

(3) 只是提供偶尔或按次提供的劳务，并按次支付报酬。

这种情况就应该按照劳务费处理。

劳务费虽然也是人工费用，但是和工资薪酬分开。劳务费的金额是不作为福利费、职工教育经费和工会经费的基数的。

接受劳务的企业不需要为提供劳务的人提供社保。

3. 被劳务派遣员工。被劳务派遣的员工的社保应该由谁缴纳关键要看当初劳务派遣单位与用工单位劳务派遣合同是如何签订的。

如果合同中约定用工单位直接支付给劳务派遣单位劳务费，由劳务派遣单位支付给被派遣员工工资，并且缴纳社保的，那么该情形下用工单位与被劳务派遣的员工不存在实际雇佣关系，也不需要承担社保，并且如果被派遣员工在用工单位因工作遭受事故伤害的，应该由劳务派遣单位应当依法申请工伤认定，用工单位可以一旁协助。主要由劳务派遣单位承担工伤保险责任，可以和用工单位协商赔偿事项。

政策依据：《劳动合同法》第五十九条劳务派遣单位派遣劳动者应当与接受以劳务派遣形式用工的单位（以下称“用工单位”）订立劳务派遣协议。劳务派遣协议应当约定派遣岗位和人员数量、派遣期限、劳动报酬和社会保险费的数额与支付方式以及违反协议的责任。

4. 退休返聘的员工。退休人员返聘分两种情况：

（1）再任职取得的收入，按“工资、薪金所得”缴纳个人所得税。

一是受雇人员与用人单位签订1年以上（含1年）劳动合同（协议），存在长期或连续的雇用与被雇佣关系；

二是受雇人员因事假、病假、休假等原因不能正常出勤时，仍享受固定或基本工资收入；

三是受雇人员与单位其他正式职工享受同等福利、社保、培训及其他待遇；

四是受雇人员的职务晋升、职称评定等工作由用人单位负责组织。

同时满足以上4个条件，则退休返聘人员的收入按“工资、薪金所得”缴纳个税。

（2）兼职取得的收入，按“劳务报酬”所得缴纳个人所得税。

如果达到法定退休年龄时已累计缴费至国家规定年限，退休后再任职是不需要再缴纳社保。

所以无论是按照“工资薪金”还是“劳动报酬”，企业都不需要再考虑要为退休返聘员工缴纳社保的。

政策依据：

《社会保险法》第二十七条规定：“参加职工基本医疗保险的个人，达到法定退休年龄时累计缴费达到国家规定年限的，退休后不再缴纳基本医疗保险费，按照国家规定享受基本医疗保险待遇；未达到国家规定年限的，可以缴费至国家规定年限。

（五）员工自愿放弃缴纳社保，钱可以退还给员工吗？

五险属于国家强制性保险险种，任何建立了劳动关系的单位和个人都必须参加。我国社会保险条例明确规定用人单位和劳动者应依法缴纳社保费，为了保护劳动者的合法权益，不允许选择缴费或不缴费。

即使员工自愿放弃社保的缴纳，这是违规行为，是不被法律认可的行为。

七、人力资源和社会保障部、财政部、国家税务总局、国家医保局有关负责人就《降低社会保险费率综合方案》答记者问

近日（2019 年 4 月 1 日），为减轻企业负担、优化营商环境、完善社会保险制度，国务院办公厅印发了《降低社会保险费率综合方案》（以下简称《方案》）。人力资源和社会保障部、财政部、国家税务总局、国家医保局这 4 部门有关负责人就《方案》相关问题回答记者提问。

（一）请介绍一下《方案》的出台背景。

答：党中央、国务院高度重视降低社保费率、减轻企业缴费负担工作。2015 年以来先后 5 次降低或阶段性降低社保费率，涉及企业职工基本养老保险、失业保险、工伤保险和生育保险，预计，2015 年到 2019 年 4 月 30 日现行阶段性降费率政策执行期满，共可减轻企业社保缴费负担近 5000 亿元。随

着我国经济发展出现一系列新形势新情况，企业对进一步降低社保费率的呼声较强，党中央、国务院提出新的要求。习近平总书记2018年11月在民营企业座谈会上强调，要根据实际情况，降低社保缴费名义费率，稳定缴费方式，确保企业社保缴费实际负担有实质性下降，在2018年年底的中央经济工作会议上对实施更大规模减税降费提出明确要求。李克强总理多次研究部署降低社保费率问题，在2019年《政府工作报告》中明确提出各地可将养老保险单位缴费比例降至16%。按照党中央、国务院决策部署，四部门在深入研究论证，广泛听取各方面意见的基础上，起草了《方案》，经3月26日国务院第42次常务会议审议通过，已由国务院办公厅正式印发。4月3日，韩正副总理、胡春华副总理出席降低社会保险费率工作会议，对实施工作进行了部署，要求把降低社保费率的好事办实、把实事办好。

（二）《方案》的总体考虑是什么？具体包括哪些内容？

答：《方案》的总体考虑是，统筹考虑降低社会保险费率、完善社会保险制度、稳步推进社会保险费征收体制改革，综合施策，确保企业社会保险缴费实际负担有实质性下降，确保各项社会保险待遇按时足额支付。

《方案》共分八个部分，具体包括：一是降低城镇职工基本养老保险单位缴费比例，高于16%的省份，可降至16%。二是继续阶段性降低失业保险和工伤保险费率，现行的阶段性降费率政策到期后再延长1年至2020年4月30日。三是调整社保缴费基数政策。将城镇非私营单位和城镇私营单位就业人员平均工资加权计算的全口径城镇单位就业人员平均工资作为核定职工缴费基数上下限的指标，个体工商户和灵活就业人员可在一定范围内自愿选择适当的缴费基数。四是加快推进养老保险省级统筹，逐步统一养老保险政策，2020年底前实现基金省级统收统支。五是提高养老保险基金中央调剂比例，2019年调剂比例提高至3.5%。六是稳步推进社保费征收体制改革。企业职工各险种原则上暂按现行征收体制继续征收，“成熟一省、移交一省”。在征收体制改革过程中不得自行对企业历史欠费进行集中清缴，不得采取任何增加小微企业实际缴费负担的做法。七是建立工作协调机制。在国务院层面和县级以上各级政府建立由政府有关负责同志牵头，相关部门参加的工作协调机制。八是认真做好组织落实工作。

《方案》实施到位后，预计2019年全年可减轻社保缴费负担3000多亿元。

（三）《方案》提出城镇职工基本养老保险单位缴费比例可降至16%，这项措施会有什么效果?

答：目前，各省份（含新疆生产建设兵团）企业缴费比例不统一，高的省份20%，多数省份阶段性降至19%，还有个别省份14%左右。单位缴费比例总体较高，有一定下调空间；且地区之间差异大，不同地区企业缴费负担不同，竞争不公平，也不利于养老保险制度的长远发展。

根据《方案》，各省单位缴费比例可降至16%，一是单位缴费比例最多可降低4个百分点，不设条件，也不是阶段性政策，而是长期性制度安排，政策力度大，普惠性强，减负效果明显，彰显了中央减轻企业社保缴费负担的鲜明态度和坚定决心。二是各地降费率后，全国费率差异缩小，有利于均衡企业缴费负担，促进形成公平的市场竞争环境，也有利于全国费率逐步统一，促进实现养老保险全国统筹。三是降低费率后，参保缴费“门槛”下降，有利于提高企业和职工的参保积极性，将更多的职工纳入到职工养老保险制度中来，形成企业发展与养老保险制度发展的良性循环。

（四）各省份城镇职工基本养老保险基金结余情况不一，有的省份基金支大于收，如何降低养老保险费率?

答：根据《方案》，城镇职工基本养老保险单位缴费比例高于16%的省份，都可将养老保险单位缴费比例降到16%。具体降低比例由各省提出，与目前省级政府承担确保养老金发放的主体责任是一致的。目前，我国养老保险基金结余分布的确存在着一定的结构性问题。受制度抚养比不同等因素影响，养老保险基金结余存在地区差异，各省份降费率面临的压力不同。一般来说，抚养比高的地区，基金结余情况较为乐观，降费率面临的困难较小；

而抚养比低的地区，基金收支平衡压力较大，降费率面临着一定的现实困难，对此，中央将通过继续加大财政补助力度、提高企业职工基本养老保险基金中央调剂比例等措施给予支持，帮助这些地区降费率后能够确保养老金按时足额发放，为形成公平的市场竞争环境创造条件，促进企业发展与养老保险制度建设的良性循环。

（五）《方案》提出延长阶段性降低失业保险和工伤保险费率期限，是如何考虑的?

答：2015 年 3 月，国务院决定失业保险总费率由 3% 降至 2%；2016 年 5 月，国务院决定由 2% 阶段性降至 1% ～1. 5%；2017 年 1 月，国务院决定总费率为 1. 5% 的省份降至 1%，期限一年。2018 年 4 月，国务院决定实施 1% 费率政策的期限延长至 2019 年 4 月 30 日。2015 ～2018 年，通过降低失业保险费率，失业保险基金共减收约 3000 亿元。目前，失业保险基金累计结余备付能力较强，有条件继续执行阶段性降费政策，各地可以确保降费率政策落实，为企业减负的同时，可确保失业保险待遇水平不降低和按时足额发放，确保失业保险基金平稳运行。《方案》明确继续延长阶段性降低失业保险费率政策执行期限至 2020 年 4 月 30 日。

我国工伤保险实行行业差别与单位浮动相结合的费率制度。2015 年，按照中央关于“适时适当降低社会保险费率”要求，人力资源和社会保障部、财政部联合下发《关于调整工伤保险费率政策的通知》（人社部发〔2015〕71 号），在总体降低工伤保险费率水平的基础上，调整完善了原有的工伤保险费率政策，基准费率由原来的按三类风险行业划分细化为八类。为降低单位社保缴费成本，2018 年，人力资源和社会保障部、财政部联合下发《关于继续阶段性降低社会保险费率的通知》（人社部发〔2018〕25 号），规定自 2018 年 5 月至 2019 年 4 月阶段性下调工伤保险费率。为进一步减轻企业社保缴费成本，国务院决定工伤保险阶段性降费政策执行期限延长 1 年，即自 2019 年 5 月 1 日起，延长阶段性降低工伤保险费率的期限至 2020 年 4 月 30 日，工伤保险基金累计结余可支付月数在 18 ～23 个月的统筹地区可以现行费率为基础下调20%，累计结余可支付月数在24个月以上的统筹地区可以现行费率为基础下调50%。

（六）《方案》对缴费基数政策也进行了调整，与之前政策相比有什么变化?

答：缴费基数也是影响企业和个人社保缴费负担的重要参数。根据《方案》，缴费基数政策也要进行调整：一是明确将城镇非私营单位和城镇私营单位就业人员平均工资加权计算的全口径城镇单位就业人员平均工资作为核定职工缴费基数上下限的指标。二是个体工商户和灵活就业人员参加养老保险，可在全口径城镇单位就业人员平均工资的60%～300%范围内选择适当的缴费基数。

主要考虑，全口径城镇单位就业人员平均工资，比原政策规定的非私营单位在岗职工平均工资，能够更合理地反映参保人员实际平均工资水平，以此来核定个人缴费基数上下限，工资水平较低的职工缴费基数可相应降低，缴费负担减轻。部分企业，特别是部分小微企业或劳动密集型企业，不少职工按照缴费基数下限缴费，企业缴费负担也可进一步减轻，能更多受益。举个例子，假设某地区非私营单位在岗职工平均工资为6000元，则原个人缴费基数下限为3600元，如某职工月工资水平为3000元，需按缴费基数下限3600元计算缴费金额；计算口径调整后，全口径城镇单位就业人员平均工资为5000元，则个人缴费基数下限相应降低到3000元，该职工就可按3000元计算缴费金额，前后对比，月缴费基数减少600元，个人缴费比例8%，月缴费负担相应减轻48元，如其所在企业以个人缴费基数之和确定单位缴费基数，则企业每月缴费基数也相应减少600元，缴费负担可进一步减轻。对个体工商户和灵活就业人员而言，政策调整后，不仅平均工资口径调整、标准降低，选择范围也变大，选择低基数的可以进一步减轻缴费负担，收入较高的人员也可以选择较高的缴费基数，来提高自己退休后的养老金水平。比如，按上例，如为灵活就业人员，月缴费基数可从6000元改为以3000元下限缴费，则月缴费基数减少3000元，按20%比例缴费，月缴费负担相应减轻

600 元。

（七）目前，养老保险省级统筹工作进展情况如何？《方案》对此有何要求？

答：社会保险基金的集中统筹调剂使用是发挥社会保险制度保障功能的核心，提高社会保险统筹层次是社会保险制度的内在要求，基金统筹层次越高，越有利于分散风险，增强基金保障能力。党的十九大明确要求尽快实现养老保险全国统筹。目前，各省份（含新疆生产建设兵团）已初步建立了企业职工基本养老保险省级统筹制度，但各地进展不平衡，部分省份已实现养老保险基金省级统收统支，大部分省份实行的是养老保险基金省级调剂制度，基金统筹共济作用发挥还不充分。另外，个别省份还存在省内养老保险政策不统一等问题，需要逐步统一规范。

党中央、国务院对加快推进省级统筹工作高度重视，2018 年年底召开的中央经济工作会议和 2019 年的《政府工作报告》都对加快推进养老保险省级统筹提出要求。加快推进省级统筹是完善养老保险制度的必然要求，也是实现养老保险全国统筹的基础。为此，《方案》要求各省份要加快推进省级统筹，逐步统一养老保险政策，2020 年年底前实现基金省级统收统支，为养老保险全国统筹打好坚实基础。

（八）推进企业职工基本养老保险基金中央调剂制度有什么进展？《方案》对今年的基金中央调剂工作有何安排？

答：企业职工基本养老保险基金中央调剂制度是养老保险全国统筹的第一步，2018 年 7 月 1 日起建立实施。2018 年调剂比例为 3%，半年中央调剂基金总规模 2400 多亿元，7 个东部省份净上解资金 610 亿元，22 个中西部和老工业基地省份受益，对均衡地区之间养老保险基负担发挥积极作用。《方案》明确 2019 年基金中央调剂比例将提高到 3.5%，预计全年基金调剂规模约为 6000 多亿元，受益省份受益额将达到 1600 亿元左右，调剂力度比 2018 年明显加大，将进一步均衡各省之间养老保险基金负担，为实施降低社保费率工作提供有力支持。

（九）问：《方案》实施后，社保费征收工作将如何开展？

答：根据《方案》，企业职工基本养老保险和企业职工其他险种缴费，原则上暂按现行征收体制继续征收，即原由社保征收的继续由社保征收，原由税务征收的继续由税务征收，稳定缴费方式，“成熟一省、移交一省”。机关事业单位社保费和城乡居民社保费征管职责如期划转至税务部门。

（十）降低养老保险费率后，养老金按时足额发放是否会受到影响？

答：降低养老保险费率在有效减轻企业社保缴费负担的同时，确实会减少养老保险基金收入，加大基金收支压力，但全国养老保险基金整体收大于支，滚存结余不断增加，总体上不会造成养老金支付风险，不会影响养老金按时足额发放。根据最新年报统计，2018 年，企业职工基本养老保险基金各项收入 3.7 万亿元，支出 3.2 万亿元，2018 年年底基金累积结余约 4.8 万亿元，有较强的支撑能力。据测算，降费后，未来一段时期仍能保持当期收支有结余。在确保发放的同时，随着经济社会发展，国家还将继续提高退休人员养老金水平。目前，人力资源和社会保障部、财政部正按照国务院部署组织实施 2019 年基本养老金年度调整工作，这也是连续第 15 年提高企业退休人员基本养老金水平，2019 年总体提高比例为 5%，预计将有 1 亿左右企业退休人员受益。

（十一）降低费率后，部分地区可能出现基金收支矛盾更加突出的问题，有何应对措施？

答：从结构上看，绝大部分省份在执行降费政策后，基金收支状况比较稳健，具有较好的支撑能力。对于降费后部分地区基金收支压力加大的问题，有关部门将采取有效措施妥善应对。一是继续加大中央财政对基本养老保险基金的补助。2019 年，中央财政安排企业职工基本养老保险补助资金 5285 亿元，同比增长 9.4%，重点向基金收支矛盾较为突出的中西部地区和老工业基地省份倾斜。二是进一步加大基本养老保险基金中央调剂力度，2019 年调剂比例提高到 3.5%，今后还将逐步提高，将进一步缓解中西部地区和老工业基地省份养老金支付压力。三是压实省级政府的主体责任。省级政府要强化责任，建立健全省、市、县基金缺口分担机制，通过盘活存量资金、处置国有资产、财政预算安排等多渠道筹措资金弥补基金缺口。对特殊困难省份，在省级政府主体责任充分落实到位的基础上，中央可通过适当的方式给予帮助。此外，相关部门还将通过继续推进划转部分国有资本充实社保基金、积极稳妥开展养老保险基金投资运营、健全激励约束机制等措施，增强养老保险基金支撑能力，促进养老保险制度可持续发展。

（十二）将采取哪些措施来保障《方案》的实施?

答：为保障参保单位和职工应享尽享降费红利，确保《方案》各项部署落地见效，打赢“降费减负”这场硬仗，将采取以下措施：一是指导各省抓紧制定调整养老保险费率的具体方案，坚持目标导向和结果导向，确保降费率政策 2019 年 5 月 1 日如期落地实施，坚决兑现对企业和社会的承诺。二是建立定期调度机制，将及时跟踪各地政策制定及实施情况，指导地方实而又实、细而又细地落实好《方案》各项措施，让市场主体特别是小微企业有明显降费感受，不断增强参保单位和职工的政策获得感。三是开展政策总结评估，适时对政策实施效果开展全面评估，及时研究解决工作推进中遇到的新情况新问题，查缺补漏，努力达到政策实施的最优效果。四是强化监测预警，坚决兜牢民生底线。对《方案》实施后的基金运行情况做好后续跟踪，既要减轻企业缴费负担，又要保障职工社保待遇不变、养老金合理增长并按时足额发放，使社保基金可持续、企业与职工同受益。

第四章

社保费相关政策

第一节　国家法律

一、《中华人民共和国社会保险法》解读

《中华人民共和国社会保险法》于2010年10月28日第十一届全国人民代表大会常务委员会第十七次会议通过，根据2018年12月29日第十三届全国人民代表大会常务委员会第七次会议《关于修改〈中华人民共和国社会保险法〉的决定》修正。

《中华人民共和国社会保险法》（以下称《社会保险法》）规定了《社会保险法》的立法宗旨、我国社会保险的项目、社会保险制度的基本原则、各级政府在社会保险事业中的职责、社会保险行政管理部门和经办机构的职责、社会保险关系转移接续等内容，加强社会保险监督，维护社会保险基金安全。

首先，《社会保险法》对各项社会保险做出了全面的制度安排和规范，将党中央建立健全社会保障体系的重大决策和战略部署转化为根本性、稳定性的国家法律制度。其次，《社会保险法》规范了社会保险关系，确定了社会保险相关各方的法律责任，使社会保险制度更加稳定，运行更加规范，从而使社会保险体系建设全面进入法制化的轨道。最后，《社会保险法》确立了广覆盖、可转移、可衔接的社会保险制度，规范和明确了劳动者和用人单位的社会保险权利义务关系，为有效维护劳动者和公民的社会保险权益，使他们更好地分享社会经济发展成果提供了进一步的法制保障。

社会保险法的颁布实施，是我国人力资源社会保障法制建设中的又一个里程碑，对于建立覆盖城乡居民的社会保障体系，更好地维护公民参加社会保险和享受社会保险待遇的合法权益，使公民共享发展成果，促进社会主义和谐社会建设，具有十分重要的意义。

（一）《社会保险法》确立了我国社会保险体系的基本框架

《社会保险法》规定，国家建立基本养老保险、基本医疗保险、工伤保险、失业保险、生育保险等社会保险制度，保障公民在年老、疾病、工伤、失业、生育等情况下依法从国家和社会获得物质帮助的权利。

（二）《社会保险法》坚持原则

《社会保险法》从草案起草，到国务院审议，再到全国人大常委会审议修改，始终坚持了以下原则：

一是贯彻落实党中央的重大决策部署。

二是使广大人民群众共享改革发展成果。

三是公平与效率相结合，权利与义务相适应。

四是确立框架，循序渐进。

（三）《社会保险法》内容体现

《社会保险法》内容具有总括性、创新性、前瞻性的规定，主要体现在以下几方面：

1. 覆盖全民。

其包含的养老和医疗保险覆盖各类劳动者和全体居民，工伤、失业、生育保险覆盖全体职业人群，以法律形式确立了广覆盖的社会保险体系。

第一，基本养老保险制度和基本医疗保险制度覆盖了中国城乡全体居民。即用人单位及其职工应当参加职工基本养老保险和职工基本医疗保险；无雇工的个体工商户、未在用人单位参加社会保险的非全日制从业人员以及其他灵活就业人员可以参加职工基本养老保险和职工基本医疗保险；农村居民可以参加新型农村社会养老保险和新型农村合作医疗；城镇未就业的居民可以参加城镇居民社会养老保险和城镇居民基本医疗保险；进城务工的农村居民依照该法规定参加社会保险。

第二，工伤保险、失业保险和生育保险制度覆盖了所有用人单位及其职工。

第三，被征地农民按照国务院规定纳入相应的社会保险制度。

第四，在中国境内就业的外国人，也应当参照该法规定参加中国的社会保险。

2. 统筹城乡。

其确定的适用范围，将新农保制度纳入了基本养老保险的调整范围；新型农村合作医疗制度也纳入了基本医疗保险的调整范围等。

3. 突出维权。

《社会保险法》在各项制度设计上，始终以保障参保人的合法权益、打造服务型政府为出发点，体现了以人为本的理念。

4. 规范管理。

《社会保险法》规定了政府在社会保险行政管理和资金保障方面的责任，明确了社会保险费实行统一征收的方向，提高了社会保险费征收的强制性，确定了由人大监督、行政监督、社会监督共同构成的社会保险监督体系，明确了基本养老保险基金逐步实行全国统筹，其他社会保险基金逐步实行省级统筹的方向等。

为了改进社会保险经办服务，维护参保人员权益，规范管理方面还作了以下规定：

第一，确立了社会保险经办服务体制。包括规定了社会保险经办机构的设立原则，规定了社会保险经办的经费保障，规定了社会保险经办机构的基本职责：负责社会保险登记、社会保险费核定、按照规定征收社会保险费；按时足额支付社会保险待遇；及时、完整、准确地记录参加社会保险的个人缴费和用人单位为其缴费，以及享受社会保险待遇等个人权益记录，定期将个人权益记录单免费寄送本人；免费向用人单位和个人提供查询服务；提供社会保险咨询等相关服务。

第二，对社会保险信息系统建设作了原则规定。进一步完善了社会保险费征缴制度，增强了征缴的强制性，为加强征缴工作提供了更有力的法律保障。包括如下方面：规定了社会保险信息沟通共享机制；规定了灵活就业人员社会保险登记、缴费制度；规定了社会保险费实行统一征收的方向；授权国务院规定实施步骤和具体办法。

其中最重要的是，建立了社会保险费的强制征缴制度。包括：

（1）从用人单位存款账户直接划拨社会保险费。《中华人民共和国社会保险法》第六十三条规定，用人单位未按时足额缴纳社会保险费，经社会保险费征收机构责令其限期缴纳或者补足，逾期仍不缴纳或者补足的，社会保险费征收机构可以申请县级以上有关行政部门做出从用人单位存款账户中划拨社会保险费的决定，并书面通知其开户银行或者其他金融机构划拨社会保险费。

（2）用人单位账户余额少于应当缴纳的社会保险费的，社会保险费征收机构可以要求该用人单位提供担保，签订延期缴费协议。

（3）用人单位未足额缴纳社会保险费且未提供担保的，社会保险费征收机构可以申请人民法院扣押、查封、拍卖其价值相当于应当缴纳社会保险费的财产，以拍卖所得抵缴社会保险费。

5. 国家多渠道社会保险制度的筹资渠道。

明确了用人单位、个人和政府在社会保险筹资中的责任。具体是：

第一，城镇职工社会保险基金的主要来源是社会保险缴费。本法规定，职工基本养老保险、职工基本医疗保险和失业保险费用，由用人单位和职工共同缴纳，工伤保险和生育保险费用由用人单位缴纳，职工个人不缴费。

第二，居民社会保险基金主要由社会保险缴费和政府补贴构成。本法规定，新型农村社会养老保险实行个人缴费、集体补助和政府补贴相结合；城镇居民基本医疗保险实行个人缴费和政府补贴相结合。

第三，明确了政府在社会保险筹资中的责任。

6. 用人单位以及个人的权利和义务。

用人单位的权利包括免费向社会保险费征收机构查询、核对其缴费记录，要求社会保险经办机构提供社会保险咨询等相关服务。其主要义务：缴费义务、登记义务、申报和代扣代缴义务。

个人有以下主要权利：个人依法享受社会保险待遇、有权监督本单位为其缴费情况，以及可以免费向社会保险费征收机构或社会保险经办机构查询、核对其缴费和享受社会保险待遇记录、社会保险咨询等相关服务。其主要义务：缴费义务、登记义务。

（四）《社会保险法》内容修改

第十三届全国人民代表大会常务委员会第七次会议对《中华人民共和国社会保险法》做以下修改：

一、将第五十七条中的“工商行政管理部门”修改为“市场监督管理部门”。

二、将第六十四条第一款中的“各项社会保险基金按照社会保险险种分别建账，分账核算，执行国家统一的会计制度”修改为“除基本医疗保险基金与生育保险基金合并建账及核算外，其他各项社会保险基金按照社会保险险种分别建账，分账核算。社会保险基金执行国家统一的会计制度”。

三、将第六十六条中的“社会保险基金预算按照社会保险项目分别编制”修改为“除基本医疗保险基金与生育保险基金预算合并编制外，其他社会保险基金预算按照社会保险项目分别编制”。

二、实施《中华人民共和国社会保险法》若干规定

实施《中华人民共和国社会保险法》若干规定

人力资源和社会保障部令第 13 号

目录

《实施〈中华人民共和国社会保险法〉若干规定》已经人力资源和社会保障部第67次部务会审议通过，现予公布，自2011年7月1日起施行。

二〇一一年六月二十九日

为了实施《中华人民共和国社会保险法》（以下简称“社会保险法”），制定本规定。

第一章　关于基本养老保险

第一条　社会保险法第15条规定的统筹养老金，按照国务院规定的基础养老金计发办法计发。

第二条　参加职工基本养老保险的个人达到法定退休年龄时，累计缴费不足15年的，可以延长缴费至满15年。社会保险法实施前参保、延长缴费五年后仍不足15年的，可以一次性缴费至满15年。

第三条　参加职工基本养老保险的个人达到法定退休年龄后，累计缴费不足15年（含依照第二条规定延长缴费）的，可以申请转入户籍所在地新型农村社会养老保险或者城镇居民社会养老保险，享受相应的养老保险待遇。

参加职工基本养老保险的个人达到法定退休年龄后，累计缴费不足15年（含依照第二条规定延长缴费），且未转入新型农村社会养老保险或者城镇居民社会养老保险的，个人可以书面申请终止职工基本养老保险关系。社会保险经办机构收到申请后，应当书面告知其转入新型农村社会养老保险或者城镇居民社会养老保险的权利以及终止职工基本养老保险关系的后果，经本人书面确认后，终止其职工基本养老保险关系，并将个人账户储存额一次性支付给本人。

第四条　参加职工基本养老保险的个人跨省流动就业，达到法定退休年龄时累计缴费不足15年的，按照《国务院办公厅关于转发人力资源和社会保障部财政部城镇企业职工基本养老保险关系转移接续暂行办法的通知》（国办发〔2009〕66号）有关待遇领取地的规定确定继续缴费地后，按照本规定第二条办理。

第五条　参加职工基本养老保险的个人跨省流动就业，符合按月领取基本养老金条件时，基本养老金分段计算、统一支付的具体办法，按照《国务院办公厅关于转发人力资源和社会保障部财政部城镇企业职工基本养老保险关系转移接续暂行办法的通知》（国办发〔2009〕66 号）执行。

第六条　职工基本养老保险个人账户不得提前支取。个人在达到法定的领取基本养老金条件前离境定居的，其个人账户予以保留，达到法定领取条件时，按照国家规定享受相应的养老保险待遇。其中，丧失中华人民共和国国籍的，可以在其离境时或者离境后书面申请终止职工基本养老保险关系。社会保险经办机构收到申请后，应当书面告知其保留个人账户的权利以及终止职工基本养老保险关系的后果，经本人书面确认后，终止其职工基本养老保险关系，并将个人账户储存额一次性支付给本人。

参加职工基本养老保险的个人死亡后，其个人账户中的余额可以全部依法继承。

第二章　关于基本医疗保险

第七条　社会保险法第二十七条规定的退休人员享受基本医疗保险待遇的缴费年限按照各地规定执行。

参加职工基本医疗保险的个人，基本医疗保险关系转移接续时，基本医疗保险缴费年限累计计算。

第八条　参保人员在协议医疗机构发生的医疗费用，符合基本医疗保险药品目录、诊疗项目、医疗服务设施标准的，按照国家规定从基本医疗保险基金中支付。

参保人员确需急诊、抢救的，可以在非协议医疗机构就医；因抢救必须使用的药品可以适当放宽范围。参保人员急诊、抢救的医疗服务具体管理办法由统筹地区根据当地实际情况制定。

第三章　关于工伤保险

第九条　职工（包括非全日制从业人员）在两个或者两个以上用人单位

同时就业的，各用人单位应当分别为职工缴纳工伤保险费。职工发生工伤，由职工受到伤害时工作的单位依法承担工伤保险责任。

第十条 社会保险法第三十七条第二项中的醉酒标准，按照《车辆驾驶人员血液、呼气酒精含量阈值与检验》（GB19522－2004）执行。公安机关交通管理部门、医疗机构等有关单位依法出具的检测结论、诊断证明等材料，可以作为认定醉酒的依据。

第十一条 社会保险法第三十八条第八项中的因工死亡补助金是指《工伤保险条例》第三十九条的一次性工亡补助金，标准为工伤发生时上一年度全国城镇居民人均可支配收入的20倍。

上一年度全国城镇居民人均可支配收入以国家统计局公布的数据为准。

第十二条 社会保险法第三十九条第一项治疗工伤期间的工资福利，按照《工伤保险条例》第三十三条有关职工在停工留薪期内应当享受的工资福利和护理等待遇的规定执行。

第四章 关于失业保险

第十三条 失业人员符合社会保险法第四十五条规定条件的，可以申请领取失业保险金并享受其他失业保险待遇。其中，非因本人意愿中断就业包括下列情形：

（一）依照劳动合同法第四十四条第一项、第四项、第五项规定终止劳动合同的；

（二）由用人单位依照劳动合同法第三十九条、第四十条、第四十一条规定解除劳动合同的；

（三）用人单位依照劳动合同法第三十六条规定向劳动者提出解除劳动合同并与劳动者协商一致解除劳动合同的；

（四）由用人单位提出解除聘用合同或者被用人单位辞退、除名、开除的；

（五）劳动者本人依照劳动合同法第三十八条规定解除劳动合同的；

（六）法律、法规、规章规定的其他情形。

第十四条　失业人员领取失业保险金后重新就业的，再次失业时，缴费时间重新计算。失业人员因当期不符合失业保险金领取条件的，原有缴费时间予以保留，重新就业并参保的，缴费时间累计计算。

第十五条　失业人员在领取失业保险金期间，应当积极求职，接受职业介绍和职业培训。失业人员接受职业介绍、职业培训的补贴由失业保险基金按照规定支付。

第五章　关于基金管理和经办服务

第十六条　社会保险基金预算、决算草案的编制、审核和批准，依照《国务院关于试行社会保险基金预算的意见》（国发〔2010〕2号）的规定执行。

第十七条　社会保险经办机构应当每年至少一次将参保人员个人权益记录单通过邮寄方式寄送本人。同时，社会保险经办机构可以通过手机短信或者电子邮件等方式向参保人员发送个人权益记录。

第十八条　社会保险行政部门、社会保险经办机构及其工作人员应当依法为用人单位和个人的信息保密，不得违法向他人泄露下列信息：

（一）涉及用人单位商业秘密或者公开后可能损害用人单位合法利益的信息；

（二）涉及个人权益的信息。

第六章　关于法律责任

第十九条　用人单位在终止或者解除劳动合同时拒不向职工出具终止或者解除劳动关系证明，导致职工无法享受社会保险待遇的，用人单位应当依法承担赔偿责任。

第二十条　职工应当缴纳的社会保险费由用人单位代扣代缴。用人单位未依法代扣代缴的，由社会保险费征收机构责令用人单位限期代缴，并自欠缴之日起向用人单位按日加收5‰的滞纳金。用人单位不得要求职工承担滞纳金。

第二十一条 用人单位因不可抗力造成生产经营出现严重困难的，经省级人民政府社会保险行政部门批准后，可以暂缓缴纳一定期限的社会保险费，期限一般不超过一年。暂缓缴费期间，免收滞纳金。到期后，用人单位应当缴纳相应的社会保险费。

第二十二条 用人单位按照社会保险法第六十三条的规定，提供担保并与社会保险费征收机构签订缓缴协议的，免收缓缴期间的滞纳金。

第二十三条 用人单位按照本规定第二十一条、第二十二条缓缴社会保险费期间，不影响其职工依法享受社会保险待遇。

第二十四条 用人单位未按月将缴纳社会保险费的明细情况告知职工本人的，由社会保险行政部门责令改正；逾期不改的，按照《劳动保障监察条例》第三十条的规定处理。

第二十五条 医疗机构、药品经营单位等社会保险服务机构以欺诈、伪造证明材料或者其他手段骗取社会保险基金支出的，由社会保险行政部门责令退回骗取的社会保险金，处骗取金额 2 倍以上 5 倍以下的罚款。对与社会保险经办机构签订服务协议的医疗机构、药品经营单位，由社会保险经办机构按照协议追究责任，情节严重的，可以解除与其签订的服务协议。对有执业资格的直接负责的主管人员和其他直接责任人员，由社会保险行政部门建议授予其执业资格的有关主管部门依法吊销其执业资格。

第二十六条 社会保险经办机构、社会保险费征收机构、社会保险基金投资运营机构、开设社会保险基金专户的机构和专户管理银行及其工作人员有下列违法情形的，由社会保险行政部门按照社会保险法第九十一条的规定查处：

（一）将应征和已征的社会保险基金，采取隐藏、非法放置等手段，未按规定征缴、入账的；

（二）违规将社会保险基金转入社会保险基金专户以外的账户的；

（三）侵吞社会保险基金的；

（四）将各项社会保险基金互相挤占或者其他社会保障基金挤占社会保险基金的；

（五）将社会保险基金用于平衡财政预算，兴建、改建办公场所和支付人员经费、运行费用、管理费用的；

（六）违反国家规定的投资运营政策的。

第七章　其他

第二十七条　职工与所在用人单位发生社会保险争议的，可以依照《中华人民共和国劳动争议调解仲裁法》《劳动人事争议仲裁办案规则》的规定，申请调解、仲裁，提起诉讼。

职工认为用人单位有未按时足额为其缴纳社会保险费等侵害其社会保险权益行为的，也可以要求社会保险行政部门或者社会保险费征收机构依法处理。社会保险行政部门或者社会保险费征收机构应当按照社会保险法和《劳动保障监察条例》等相关规定处理。在处理过程中，用人单位对双方的劳动关系提出异议的，社会保险行政部门应当依法查明相关事实后继续处理。

第二十八条　在社会保险经办机构征收社会保险费的地区，社会保险行政部门应当依法履行社会保险法第六十三条所规定的有关行政部门的职责。

第二十九条 2011 年 7 月 1 日后对用人单位未按时足额缴纳社会保险费的处理，按照社会保险法和本规定执行；对 2011 年 7 月 1 日前发生的用人单位未按时足额缴纳社会保险费的行为，按照国家和地方人民政府的有关规定执行。

第三十条　本规定自 2011 年 7 月 1 日起施行。

三、社会保险费征缴暂行条例

社会保险费征缴暂行条例

国务院令第 259 号

目录

1999年1月14日国务院第13次常务会议通过，现予发布，自发布之日起施行。

一九九九年一月二十二日

第一章　总则

第一条　为了加强和规范社会保险费征缴工作，保障社会保险金的发放，制定本条例。

第二条　基本养老保险费、基本医疗保险费、失业保险费（以下统称“社会保险费”）的征收、缴纳，适用本条例。

本条例所称缴费单位、缴费个人，是指依照有关法律、行政法规和国务院的规定，应当缴纳社会保险费的单位和个人。

第三条　基本养老保险费的征缴范围：国有企业、城镇集体企业、外商投资企业、城镇私营企业和其他城镇企业及其职工，实行企业化管理的事业单位及其职工。

基本医疗保险费的征缴范围：国有企业、城镇集体企业、外商投资企业、城镇私营企业和其他城镇企业及其职工，国家机关及其工作人员，事业单位及其职工，民办非企业单位及其职工，社会团体及其专职人员。

失业保险费的征缴范围：国有企业、城镇集体企业、外商投资企业、城镇私营企业和其他城镇企业及其职工，事业单位及其职工。

省、自治区、直辖市人民政府根据当地实际情况，可以规定将城镇个体工商户纳入基本养老保险、基本医疗保险的范围，并可以规定将社会团体及其专职人员、民办非企业单位及其职工以及有雇工的城镇个体工商户及其雇工纳入失业保险的范围。

社会保险费的费基、费率依照有关法律、行政法规和国务院的规定执行。

第四条　缴费单位、缴费个人应当按时足额缴纳社会保险费。

征缴的社会保险费纳入社会保险基金，专款专用，任何单位和个人不得挪用。

第五条　国务院劳动保障行政部门负责全国的社会保险费征缴管理和监督检查工作。县级以上地方各级人民政府劳动保障行政部门负责本行政区域内的社会保险费征缴管理和监督检查工作。

第六条　社会保险费实行三项社会保险费集中、统一征收。社会保险费的征收机构由省、自治区、直辖市人民政府规定，可以由税务机关征收，也可以由劳动保障行政部门按照国务院规定设立的社会保险经办机构（以下简称“社会保险经办机构”）征收。

第二章　征缴管理

第七条　缴费单位必须向当地社会保险经办机构办理社会保险登记，参加社会保险。

登记事项包括：单位名称、住所、经营地点、单位类型、法定代表人或者负责人、开户银行账号以及国务院劳动保障行政部门规定的其他事项。

第八条　本条例施行前已经参加社会保险的缴费单位，应当自本条例施行之日起6个月内到当地社会保险经办机构补办社会保险登记，由社会保险经办机构发给社会保险登记证件。

本条例施行前尚未参加社会保险的缴费单位应当自本条例施行之日起30日内，本条例施行后成立的缴费单位应当自成立之日起30日内，持营业执照或者登记证书等有关证件，到当地社会保险经办机构申请办理社会保险登记。社会保险经办机构审核后，发给社会保险登记证件。

社会保险登记证件不得伪造、变造。

社会保险登记证件的样式由国务院劳动保障行政部门制定。

第九条　缴费单位的社会保险登记事项发生变更或者缴费单位依法终止的，应当自变更或者终止之日起30日内，到社会保险经办机构办理变更或者注销社会保险登记手续。

第十条 缴费单位必须按月向社会保险经办机构申报应缴纳的社会保险费数额，经社会保险经办机构核定后，在规定的期限内缴纳社会保险费。

缴费单位不按规定申报应缴纳的社会保险费数额的，由社会保险经办机构暂按该单位上月缴费数额的110%确定应缴数额；没有上月缴费数额的，由社会保险经办机构暂按该单位的经营状况、职工人数等有关情况确定应缴数额。缴费单位补办申报手续并按核定数额缴纳社会保险费后，由社会保险经办机构按照规定结算。

第十一条 省、自治区、直辖市人民政府规定由税务机关征收社会保险费的，社会保险经办机构应当及时向税务机关提供缴费单位社会保险登记、变更登记、注销登记以及缴费申报的情况。

第十二条 缴费单位和缴费个人应当以货币形式全额缴纳社会保险费。

缴费个人应当缴纳的社会保险费，由所在单位从其本人工资中代扣代缴。

社会保险费不得减免。

第十三条 缴费单位未按规定缴纳和代扣代缴社会保险费的，由劳动保障行政部门或者税务机关责令限期缴纳；逾期仍不缴纳的，除补缴欠缴数额外，从欠缴之日起，按日加收2‰的滞纳金。滞纳金并入社会保险基金。

第十四条 征收的社会保险费存入财政部门在国有商业银行开设的社会保障基金财政专户。

社会保险基金按照不同险种的统筹范围，分别建立基本养老保险基金、基本医疗保险基金、失业保险基金。各项社会保险基金分别单独核算。

社会保险基金不计征税、费。

第十五条 省、自治区、直辖市人民政府规定由税务机关征收社会保险费的，税务机关应当及时向社会保险经办机构提供缴费单位和缴费个人的缴费情况；社会保险经办机构应当将有关情况汇总，报劳动保障行政部门。

第十六条 社会保险经办机构应当建立缴费记录，其中基本养老保险、基本医疗保险并应当按照规定记录个人账户。社会保险经办机构负责保存缴费记录，并保证其完整、安全。社会保险经办机构应当至少每年向缴费个人发送一次基本养老保险、基本医疗保险个人账户通知单。

缴费单位、缴费个人有权按照规定查询缴费记录。

第三章　监督检查

第十七条　缴费单位应当每年向本单位职工公布本单位全年社会保险费缴纳情况，接受职工监督。

社会保险经办机构应当定期向社会公告社会保险费征收情况，接受社会监督。

第十八条　按照省、自治区、直辖市人民政府关于社会保险费征缴机构的规定，劳动保障行政部门或者税务机关依法对单位缴费情况进行检查时，被检查的单位应当提供与缴纳社会保险费有关的用人情况、工资表、财务报表等资料，如实反映情况，不得拒绝检查，不得谎报、瞒报。劳动保障行政部门或者税务机关可以记录、录音、录像、照相和复制有关资料；但是，应当为缴费单位保密。

劳动保障行政部门、税务机关的工作人员在行使前款所列职权时，应当出示执行公务证件。

第十九条　劳动保障行政部门或者税务机关调查社会保险费征缴违法案件时，有关部门、单位应当给予支持、协助。

第二十条　社会保险经办机构受劳动保障行政部门的委托，可以进行与社会保险费征缴有关的检查、调查工作。

第二十一条　任何组织和个人对有关社会保险费征缴的违法行为，有权举报。劳动保障行政部门或者税务机关对举报应当及时调查，按照规定处理，并为举报人保密。

第二十二条　社会保险基金实行收支两条线管理，由财政部门依法进行监督。

审计部门依法对社会保险基金的收支情况进行监督。

第四章　罚则

第二十三条　缴费单位未按照规定办理社会保险登记、变更登记或者注销登记，或者未按照规定申报应缴纳的社会保险费数额的，由劳动保障行政部门责令限期改正；情节严重的，对直接负责的主管人员和其他直接责任人员可以处1000元以上5000元以下的罚款；情节特别严重的，对直接负责的主管人员和其他直接责任人员可以处5000元以上10000元以下的罚款。

第二十四条 缴费单位违反有关财务、会计、统计的法律、行政法规和国家有关规定，伪造、变造、故意毁灭有关账册、材料，或者不设账册，致使社会保险费缴费基数无法确定的，除依照有关法律、行政法规的规定给予行政处罚、纪律处分、刑事处罚外，依照本条例第九条的规定征缴；迟延缴纳的，由劳动保障行政部门或者税务机关依照第十二条的规定决定加收滞纳金，并对直接负责的主管人员和其他直接责任人员处5000元以上20000元以下的罚款。

第二十五条 缴费单位和缴费个人对劳动保障行政部门或者税务机关的处罚决定不服的，可以依法申请复议；对复议决定不服的，可以依法提起诉讼。

第二十六条 缴费单位逾期拒不缴纳社会保险费、滞纳金的，由劳动保障行政部门或者税务机关申请人民法院依法强制征缴。

第二十七条 劳动保障行政部门、社会保险经办机构或者税务机关的工作人员滥用职权、徇私舞弊、玩忽职守，致使社会保险费流失的，由劳动保障行政部门或者税务机关追回流失的社会保险费；构成犯罪的，依法追究刑事责任；尚不构成犯罪的，依法给予行政处分。

第二十八条 任何单位、个人挪用社会保险基金的，追回被挪用的社会保险基金；有违法所得的，没收违法所得，并入社会保险基金；构成犯罪的，依法追究刑事责任；尚不构成犯罪的，对直接负责的主管人员和其他直接责任人员依法给予行政处分。

第五章 附则

第二十九条 省、自治区、直辖市人民政府根据本地实际情况，可以决定本条例适用于本行政区域内工伤保险费和生育保险费的征收、缴纳。

第三十条　税务机关、社会保险经办机构征收社会保险费，不得从社会保险基金中提取任何费用，所需经费列入预算，由财政拨付。

第三十一条　本条例自发布之日起施行。

四、工伤保险条例

工伤保险条例

（2003 年 4 月 27 日中华人民共和国国务院令第 375 号公布 根据 2010 年 12 月 20 日《国务院关于修改〈工伤保险条例〉的决定》修订）

目录

第一章　总则

第一条　为了保障因工作遭受事故伤害或者患职业病的职工获得医疗救治和经济补偿，促进工伤预防和职业康复，分散用人单位的工伤风险，制定本条例。

第二条　中华人民共和国境内的企业、事业单位、社会团体、民办非企业单位、基金会、律师事务所、会计师事务所等组织和有雇工的个体工商户（以下简称“用人单位”）应当依照本条例规定参加工伤保险，为本单位全部职工或者雇工（以下简称“职工”）缴纳工伤保险费。

中华人民共和国境内的企业、事业单位、社会团体、民办非企业单位、基金会、律师事务所、会计师事务所等组织的职工和个体工商户的雇工，均有依照本条例的规定享受工伤保险待遇的权利。

第三条 工伤保险费的征缴按照《社会保险费征缴暂行条例》关于基本养老保险费、基本医疗保险费、失业保险费的征缴规定执行。

第四条 用人单位应当将参加工伤保险的有关情况在本单位内公示。

用人单位和职工应当遵守有关安全生产和职业病防治的法律法规，执行安全卫生规程和标准，预防工伤事故发生，避免和减少职业病危害。

职工发生工伤时，用人单位应当采取措施使工伤职工得到及时救治。

第五条 国务院社会保险行政部门负责全国的工伤保险工作。

县级以上地方各级人民政府社会保险行政部门负责本行政区域内的工伤保险工作。

社会保险行政部门按照国务院有关规定设立的社会保险经办机构（以下称“经办机构”）具体承办工伤保险事务。

第六条 社会保险行政部门等部门制定工伤保险的政策、标准，应当征求工会组织、用人单位代表的意见。

第二章 工伤保险基金

第七条 工伤保险基金由用人单位缴纳的工伤保险费、工伤保险基金的利息和依法纳入工伤保险基金的其他资金构成。

第八条 工伤保险费根据以支定收、收支平衡的原则，确定费率。

国家根据不同行业的工伤风险程度确定行业的差别费率，并根据工伤保险费使用、工伤发生率等情况在每个行业内确定若干费率档次。行业差别费率及行业内费率档次由国务院社会保险行政部门制定，报国务院批准后公布施行。

统筹地区经办机构根据用人单位工伤保险费使用、工伤发生率等情况，适用所属行业内相应的费率档次确定单位缴费费率。

第九条 国务院社会保险行政部门应当定期了解全国各统筹地区工伤保险基金收支情况，及时提出调整行业差别费率及行业内费率档次的方案，报国务院批准后公布施行。

第十条　用人单位应当按时缴纳工伤保险费。职工个人不缴纳工伤保险费。

用人单位缴纳工伤保险费的数额为本单位职工工资总额乘以单位缴费费率之积。

对难以按照工资总额缴纳工伤保险费的行业，其缴纳工伤保险费的具体方式，由国务院社会保险行政部门规定。

第十一条　工伤保险基金逐步实行省级统筹。

跨地区、生产流动性较大的行业，可以采取相对集中的方式异地参加统筹地区的工伤保险。具体办法由国务院社会保险行政部门会同有关行业的主管部门制定。

第十二条　工伤保险基金存入社会保障基金财政专户，用于本条例规定的工伤保险待遇，劳动能力鉴定，工伤预防的宣传、培训等费用，以及法律、法规规定的用于工伤保险的其他费用的支付。

工伤预防费用的提取比例、使用和管理的具体办法，由国务院社会保险行政部门会同国务院财政、卫生行政、安全生产监督管理等部门规定。

任何单位或者个人不得将工伤保险基金用于投资运营、兴建或者改建办公场所、发放奖金，或者挪作其他用途。

第十三条　工伤保险基金应当留有一定比例的储备金，用于统筹地区重大事故的工伤保险待遇支付；储备金不足支付的，由统筹地区的人民政府垫付。储备金占基金总额的具体比例和储备金的使用办法，由省、自治区、直辖市人民政府规定。

第三章　工伤认定

第十四条　职工有下列情形之一的，应当认定为工伤：

（一）在工作时间和工作场所内，因工作原因受到事故伤害的；

（二）工作时间前后在工作场所内，从事与工作有关的预备性或者收尾性工作受到事故伤害的；

（三）在工作时间和工作场所内，因履行工作职责受到暴力等意外伤害的；

（四）患职业病的；

（五）因工外出期间，由于工作原因受到伤害或者发生事故下落不明的；

（六）在上下班途中，受到非本人主要责任的交通事故或者城市轨道交通、客运轮渡、火车事故伤害的；

（七）法律、行政法规规定应当认定为工伤的其他情形。

第十五条 职工有下列情形之一的，视同工伤：

（一）在工作时间和工作岗位，突发疾病死亡或者在48小时之内经抢救无效死亡的；

（二）在抢险救灾等维护国家利益、公共利益活动中受到伤害的；

（三）职工原在军队服役，因战、因公负伤致残，已取得革命伤残军人证，到用人单位后旧伤复发的。

职工有前款第（一）项、第（二）项情形的，按照本条例的有关规定享受工伤保险待遇；职工有前款第（三）项情形的，按照本条例的有关规定享受除一次性伤残补助金以外的工伤保险待遇。

第十六条 职工符合本条例第十四条、第十五条的规定，但是有下列情形之一的，不得认定为工伤或者视同工伤：

（一）故意犯罪的；

（二）醉酒或者吸毒的；

（三）自残或者自杀的。

第十七条 职工发生事故伤害或者按照职业病防治法规定被诊断、鉴定为职业病，所在单位应当自事故伤害发生之日或者被诊断、鉴定为职业病之日起30日内，向统筹地区社会保险行政部门提出工伤认定申请。遇有特殊情况，经报社会保险行政部门同意，申请时限可以适当延长。

用人单位未按前款规定提出工伤认定申请的，工伤职工或者其近亲属、工会组织在事故伤害发生之日或者被诊断、鉴定为职业病之日起1年内，可以直接向用人单位所在地统筹地区社会保险行政部门提出工伤认定申请。

按照本条第一款规定应当由省级社会保险行政部门进行工伤认定的事项，根据属地原则由用人单位所在地的设区的市级社会保险行政部门办理。

用人单位未在本条第一款规定的时限内提交工伤认定申请，在此期间发生符合本条例规定的工伤待遇等有关费用由该用人单位负担。

第十八条　提出工伤认定申请应当提交下列材料：

（一）工伤认定申请表；

（二）与用人单位存在劳动关系（包括事实劳动关系）的证明材料；

（三）医疗诊断证明或者职业病诊断证明书（或者职业病诊断鉴定书）。

工伤认定申请表应当包括事故发生的时间、地点、原因以及职工伤害程度等基本情况。

工伤认定申请人提供材料不完整的，社会保险行政部门应当一次性书面告知工伤认定申请人需要补正的全部材料。申请人按照书面告知要求补正材料后，社会保险行政部门应当受理。

第十九条　社会保险行政部门受理工伤认定申请后，根据审核需要可以对事故伤害进行调查核实，用人单位、职工、工会组织、医疗机构以及有关部门应当予以协助。职业病诊断和诊断争议的鉴定，依照职业病防治法的有关规定执行。对依法取得职业病诊断证明书或者职业病诊断鉴定书的，社会保险行政部门不再进行调查核实。

职工或者其近亲属认为是工伤，用人单位不认为是工伤的，由用人单位承担举证责任。

第二十条　社会保险行政部门应当自受理工伤认定申请之日起 60 日内做出工伤认定的决定，并书面通知申请工伤认定的职工或者其近亲属和该职工所在单位。

社会保险行政部门对受理的事实清楚、权利义务明确的工伤认定申请，应当在 15 日内做出工伤认定的决定。

做出工伤认定决定需要以司法机关或者有关行政主管部门的结论为依据的，在司法机关或者有关行政主管部门尚未做出结论期间，做出工伤认定决定的时限中止。

社会保险行政部门工作人员与工伤认定申请人有利害关系的，应当回避。

第四章　劳动能力鉴定

第二十一条　职工发生工伤，经治疗伤情相对稳定后存在残疾、影响劳动能力的，应当进行劳动能力鉴定。

第二十二条　劳动能力鉴定是指劳动功能障碍程度和生活自理障碍程度的等级鉴定。

劳动功能障碍分为十个伤残等级，最重的为一级，最轻的为十级。

生活自理障碍分为三个等级：生活完全不能自理、生活大部分不能自理和生活部分不能自理。

劳动能力鉴定标准由国务院社会保险行政部门会同国务院卫生行政部门等部门制定。

第二十三条　劳动能力鉴定由用人单位、工伤职工或者其近亲属向设区的市级劳动能力鉴定委员会提出申请，并提供工伤认定决定和职工工伤医疗的有关资料。

第二十四条　省、自治区、直辖市劳动能力鉴定委员会和设区的市级劳动能力鉴定委员会分别由省、自治区、直辖市和设区的市级社会保险行政部门、卫生行政部门、工会组织、经办机构代表以及用人单位代表组成。

劳动能力鉴定委员会建立医疗卫生专家库。列入专家库的医疗卫生专业技术人员应当具备下列条件：

（一）具有医疗卫生高级专业技术职务任职资格；

（二）掌握劳动能力鉴定的相关知识；

（三）具有良好的职业品德。

第二十五条　设区的市级劳动能力鉴定委员会收到劳动能力鉴定申请后，应当从其建立的医疗卫生专家库中随机抽取 3 名或者 5 名相关专家组成专家组，由专家组提出鉴定意见。设区的市级劳动能力鉴定委员会根据专家组的鉴定意见做出工伤职工劳动能力鉴定结论；必要时，可以委托具备资格的医疗机构协助进行有关的诊断。

设区的市级劳动能力鉴定委员会应当自收到劳动能力鉴定申请之日起60日内做出劳动能力鉴定结论，必要时，做出劳动能力鉴定结论的期限可以延长30日。劳动能力鉴定结论应当及时送达申请鉴定的单位和个人。

第二十六条　申请鉴定的单位或者个人对设区的市级劳动能力鉴定委员会做出的鉴定结论不服的，可以在收到该鉴定结论之日起15日内向省、自治区、直辖市劳动能力鉴定委员会提出再次鉴定申请。省、自治区、直辖市劳动能力鉴定委员会做出的劳动能力鉴定结论为最终结论。

第二十七条　劳动能力鉴定工作应当客观、公正。劳动能力鉴定委员会组成人员或者参加鉴定的专家与当事人有利害关系的，应当回避。

第二十八条　自劳动能力鉴定结论做出之日起1年后，工伤职工或者其近亲属、所在单位或者经办机构认为伤残情况发生变化的，可以申请劳动能力复查鉴定。

第二十九条　劳动能力鉴定委员会依照本条例第二十六条和第二十八条的规定进行再次鉴定和复查鉴定的期限，依照本条例第二十五条第二款的规定执行。

第五章　工伤保险待遇

第三十条　职工因工作遭受事故伤害或者患职业病进行治疗，享受工伤医疗待遇。

职工治疗工伤应当在签订服务协议的医疗机构就医，情况紧急时可以先到就近的医疗机构急救。

治疗工伤所需费用符合工伤保险诊疗项目目录、工伤保险药品目录、工伤保险住院服务标准的，从工伤保险基金支付。工伤保险诊疗项目目录、工伤保险药品目录、工伤保险住院服务标准，由国务院社会保险行政部门会同国务院卫生行政部门、食品药品监督管理部门等部门规定。

职工住院治疗工伤的伙食补助费，以及经医疗机构出具证明，报经办机构同意，工伤职工到统筹地区以外就医所需的交通、食宿费用从工伤保险基金支付，基金支付的具体标准由统筹地区人民政府规定。

工伤职工治疗非工伤引发的疾病，不享受工伤医疗待遇，按照基本医疗保险办法处理。

工伤职工到签订服务协议的医疗机构进行工伤康复的费用，符合规定的，从工伤保险基金支付。

第三十一条 社会保险行政部门做出认定为工伤的决定后发生行政复议、行政诉讼的，行政复议和行政诉讼期间不停止支付工伤职工治疗工伤的医疗费用。

第三十二条 工伤职工因日常生活或者就业需要，经劳动能力鉴定委员会确认，可以安装假肢、矫形器、假眼、假牙和配置轮椅等辅助器具，所需费用按照国家规定的标准从工伤保险基金支付。

第三十三条 职工因工作遭受事故伤害或者患职业病需要暂停工作接受工伤医疗的，在停工留薪期内，原工资福利待遇不变，由所在单位按月支付。

停工留薪期一般不超过12个月。伤情严重或者情况特殊，经设区的市级劳动能力鉴定委员会确认，可以适当延长，但延长不得超过12个月。工伤职工评定伤残等级后，停发原待遇，按照本章的有关规定享受伤残待遇。工伤职工在停工留薪期满后仍需治疗的，继续享受工伤医疗待遇。

生活不能自理的工伤职工在停工留薪期需要护理的，由所在单位负责。

第三十四条 工伤职工已经评定伤残等级并经劳动能力鉴定委员会确认需要生活护理的，从工伤保险基金按月支付生活护理费。

生活护理费按照生活完全不能自理、生活大部分不能自理或者生活部分不能自理3个不同等级支付，其标准分别为统筹地区上年度职工月平均工资的50%、40%或者30%。

第三十五条 职工因工致残被鉴定为一级至四级伤残的，保留劳动关系，退出工作岗位，享受以下待遇：

（一）从工伤保险基金按伤残等级支付一次性伤残补助金，标准为：一级伤残为27个月的本人工资，二级伤残为25个月的本人工资，三级伤残为23个月的本人工资，四级伤残为21个月的本人工资；

（二）从工伤保险基金按月支付伤残津贴，标准为：一级伤残为本人工资的 90%，二级伤残为本人工资的 85%，三级伤残为本人工资的 80%，四级伤残为本人工资的 75%。伤残津贴实际金额低于当地最低工资标准的，由工伤保险基金补足差额；

（三）工伤职工达到退休年龄并办理退休手续后，停发伤残津贴，按照国家有关规定享受基本养老保险待遇。基本养老保险待遇低于伤残津贴的，由工伤保险基金补足差额。

职工因工致残被鉴定为一级至四级伤残的，由用人单位和职工个人以伤残津贴为基数，缴纳基本医疗保险费。

第三十六条　职工因工致残被鉴定为五级、六级伤残的，享受以下待遇：

（一）从工伤保险基金按伤残等级支付一次性伤残补助金，标准为：五级伤残为 18 个月的本人工资，六级伤残为 16 个月的本人工资；

（二）保留与用人单位的劳动关系，由用人单位安排适当工作。难以安排工作的，由用人单位按月发给伤残津贴，标准为：五级伤残为本人工资的 70%，六级伤残为本人工资的 60%，并由用人单位按照规定为其缴纳应缴纳的各项社会保险费。伤残津贴实际金额低于当地最低工资标准的，由用人单位补足差额。

经工伤职工本人提出，该职工可以与用人单位解除或者终止劳动关系，由工伤保险基金支付一次性工伤医疗补助金，由用人单位支付一次性伤残就业补助金。一次性工伤医疗补助金和一次性伤残就业补助金的具体标准由省、自治区、直辖市人民政府规定。

第三十七条　职工因工致残被鉴定为七级至十级伤残的，享受以下待遇：

（一）从工伤保险基金按伤残等级支付一次性伤残补助金，标准为：七级伤残为 13 个月的本人工资，八级伤残为 11 个月的本人工资，九级伤残为 9 个月的本人工资，十级伤残为 7 个月的本人工资；

（二）劳动、聘用合同期满终止，或者职工本人提出解除劳动、聘用合同的，由工伤保险基金支付一次性工伤医疗补助金，由用人单位支付一次性伤残就业补助金。一次性工伤医疗补助金和一次性伤残就业补助金的具体标准由省、自治区、直辖市人民政府规定。

第三十八条 工伤职工工伤复发，确认需要治疗的，享受本条例第三十条、第三十二条和第三十三条规定的工伤待遇。

第三十九条 职工因工死亡，其近亲属按照下列规定从工伤保险基金领取丧葬补助金、供养亲属抚恤金和一次性工亡补助金：

（一）丧葬补助金为6个月的统筹地区上年度职工月平均工资；

（二）供养亲属抚恤金按照职工本人工资的一定比例发给由因工死亡职工生前提供主要生活来源、无劳动能力的亲属。标准为：配偶每月40%，其他亲属每人每月30%，孤寡老人或者孤儿每人每月在上述标准的基础上增加10%。核定的各供养亲属的抚恤金之和不应高于因工死亡职工生前的工资。供养亲属的具体范围由国务院社会保险行政部门规定；

（三）一次性工亡补助金标准为上一年度全国城镇居民人均可支配收入的20倍。

伤残职工在停工留薪期内因工伤导致死亡的，其近亲属享受本条第一款规定的待遇。

一级至四级伤残职工在停工留薪期满后死亡的，其近亲属可以享受本条第一款第（一）项、第（二）项规定的待遇。

第四十条 伤残津贴、供养亲属抚恤金、生活护理费由统筹地区社会保险行政部门根据职工平均工资和生活费用变化等情况适时调整。调整办法由省、自治区、直辖市人民政府规定。

第四十一条 职工因工外出期间发生事故或者在抢险救灾中下落不明的，从事故发生当月起3个月内照发工资，从第4个月起停发工资，由工伤保险基金向其供养亲属按月支付供养亲属抚恤金。生活有困难的，可以预支一次性工亡补助金的50%。职工被人民法院宣告死亡的，按照本条例第三十九条职工因工死亡的规定处理。

第四十二条 工伤职工有下列情形之一的，停止享受工伤保险待遇：

（一）丧失享受待遇条件的；

（二）拒不接受劳动能力鉴定的；

（三）拒绝治疗的。

第四十三条　用人单位分立、合并、转让的，承继单位应当承担原用人单位的工伤保险责任；原用人单位已经参加工伤保险的，承继单位应当到当地经办机构办理工伤保险变更登记。

用人单位实行承包经营的，工伤保险责任由职工劳动关系所在单位承担。

职工被借调期间受到工伤事故伤害的，由原用人单位承担工伤保险责任，但原用人单位与借调单位可以约定补偿办法。

企业破产的，在破产清算时依法拨付应当由单位支付的工伤保险待遇费用。

第四十四条　职工被派遣出境工作，依据前往国家或者地区的法律应当参加当地工伤保险的，参加当地工伤保险，其国内工伤保险关系中止；不能参加当地工伤保险的，其国内工伤保险关系不中止。

第四十五条　职工再次发生工伤，根据规定应当享受伤残津贴的，按照新认定的伤残等级享受伤残津贴待遇。

第六章　监督管理

第四十六条　经办机构具体承办工伤保险事务，履行下列职责：

（一）根据省、自治区、直辖市人民政府规定，征收工伤保险费；

（二）核查用人单位的工资总额和职工人数，办理工伤保险登记，并负责保存用人单位缴费和职工享受工伤保险待遇情况的记录；

（三）进行工伤保险的调查、统计；

（四）按照规定管理工伤保险基金的支出；

（五）按照规定核定工伤保险待遇；

（六）为工伤职工或者其近亲属免费提供咨询服务。

第四十七条　经办机构与医疗机构、辅助器具配置机构在平等协商的基础上签订服务协议，并公布签订服务协议的医疗机构、辅助器具配置机构的名单。具体办法由国务院社会保险行政部门分别会同国务院卫生行政部门、民政部门等部门制定。

第四十八条　经办机构按照协议和国家有关目录、标准对工伤职工医疗费用、康复费用、辅助器具费用的使用情况进行核查，并按时足额结算费用。

第四十九条 经办机构应当定期公布工伤保险基金的收支情况，及时向社会保险行政部门提出调整费率的建议。

第五十条 社会保险行政部门、经办机构应当定期听取工伤职工、医疗机构、辅助器具配置机构以及社会各界对改进工伤保险工作的意见。

第五十一条 社会保险行政部门依法对工伤保险费的征缴和工伤保险基金的支付情况进行监督检查。

财政部门和审计机关依法对工伤保险基金的收支、管理情况进行监督。

第五十二条 任何组织和个人对有关工伤保险的违法行为，有权举报。社会保险行政部门对举报应当及时调查，按照规定处理，并为举报人保密。

第五十三条 工会组织依法维护工伤职工的合法权益，对用人单位的工伤保险工作实行监督。

第五十四条 职工与用人单位发生工伤待遇方面的争议，按照处理劳动争议的有关规定处理。

第五十五条 有下列情形之一的，有关单位或者个人可以依法申请行政复议，也可以依法向人民法院提起行政诉讼：

（一）申请工伤认定的职工或者其近亲属、该职工所在单位对工伤认定申请不予受理的决定不服的；

（二）申请工伤认定的职工或者其近亲属、该职工所在单位对工伤认定结论不服的；

（三）用人单位对经办机构确定的单位缴费费率不服的；

（四）签订服务协议的医疗机构、辅助器具配置机构认为经办机构未履行有关协议或者规定的；

（五）工伤职工或者其近亲属对经办机构核定的工伤保险待遇有异议的。

第七章 法律责任

第五十六条 单位或者个人违反本条例第十二条规定挪用工伤保险基金，构成犯罪的，依法追究刑事责任；尚不构成犯罪的，依法给予处分或者纪律处分。被挪用的基金由社会保险行政部门追回，并入工伤保险基金；没收的违法所得依法上缴国库。

第五十七条　社会保险行政部门工作人员有下列情形之一的，依法给予处分；情节严重，构成犯罪的，依法追究刑事责任：

（一）无正当理由不受理工伤认定申请，或者弄虚作假将不符合工伤条件的人员认定为工伤职工的；

（二）未妥善保管申请工伤认定的证据材料，致使有关证据灭失的；

（三）收受当事人财物的。

第五十八条　经办机构有下列行为之一的，由社会保险行政部门责令改正，对直接负责的主管人员和其他责任人员依法给予纪律处分；情节严重，构成犯罪的，依法追究刑事责任；造成当事人经济损失的，由经办机构依法承担赔偿责任：

（一）未按规定保存用人单位缴费和职工享受工伤保险待遇情况记录的；

（二）不按规定核定工伤保险待遇的；

（三）收受当事人财物的。

第五十九条　医疗机构、辅助器具配置机构不按服务协议提供服务的，经办机构可以解除服务协议。

经办机构不按时足额结算费用的，由社会保险行政部门责令改正；医疗机构、辅助器具配置机构可以解除服务协议。

第六十条　用人单位、工伤职工或者其近亲属骗取工伤保险待遇，医疗机构、辅助器具配置机构骗取工伤保险基金支出的，由社会保险行政部门责令退还，处骗取金额 2 倍以上 5 倍以下的罚款；情节严重，构成犯罪的，依法追究刑事责任。

第六十一条　从事劳动能力鉴定的组织或者个人有下列情形之一的，由社会保险行政部门责令改正，处 2000 元以上 1 万元以下的罚款；情节严重，构成犯罪的，依法追究刑事责任：

（一）提供虚假鉴定意见的；

（二）提供虚假诊断证明的；

（三）收受当事人财物的。

第六十二条 用人单位依照本条例规定应当参加工伤保险而未参加的，由社会保险行政部门责令限期参加，补缴应当缴纳的工伤保险费，并自欠缴之日起，按日加收万分之五的滞纳金；逾期仍不缴纳的，处欠缴数额1倍以上3倍以下的罚款。

依照本条例规定应当参加工伤保险而未参加工伤保险的用人单位职工发生工伤的，由该用人单位按照本条例规定的工伤保险待遇项目和标准支付费用。

用人单位参加工伤保险并补缴应当缴纳的工伤保险费、滞纳金后，由工伤保险基金和用人单位依照本条例的规定支付新发生的费用。

第六十三条 用人单位违反本条例第十九条的规定，拒不协助社会保险行政部门对事故进行调查核实的，由社会保险行政部门责令改正，处2000元以上2万元以下的罚款。

第八章 附则

第六十四条 本条例所称工资总额，是指用人单位直接支付给本单位全部职工的劳动报酬总额。

本条例所称本人工资，是指工伤职工因工作遭受事故伤害或者患职业病前12个月平均月缴费工资。本人工资高于统筹地区职工平均工资300%的，按照统筹地区职工平均工资的300%计算；本人工资低于统筹地区职工平均工资60%的，按照统筹地区职工平均工资的60%计算。

第六十五条 公务员和参照公务员法管理的事业单位、社会团体的工作人员因工作遭受事故伤害或者患职业病的，由所在单位支付费用。具体办法由国务院社会保险行政部门会同国务院财政部门规定。

第六十六条 无营业执照或者未经依法登记、备案的单位以及被依法吊销营业执照或者撤销登记、备案的单位的职工受到事故伤害或者患职业病的，由该单位向伤残职工或者死亡职工的近亲属给予一次性赔偿，赔偿标准不得低于本条例规定的工伤保险待遇；用人单位不得使用童工，用人单位使用童工造成童工伤残、死亡的，由该单位向童工或者童工的近亲属给予一次性赔偿，赔偿标准不得低于本条例规定的工伤保险待遇。具体办法由国务院社会保险行政部门规定。

前款规定的伤残职工或者死亡职工的近亲属就赔偿数额与单位发生争议的，以及前款规定的童工或者童工的近亲属就赔偿数额与单位发生争议的，按照处理劳动争议的有关规定处理。

第六十七条　本条例自2004年1月1日起施行。本条例施行前已受到事故伤害或者患职业病的职工尚未完成工伤认定的，按照本条例的规定执行。

第二节　部门规章及文件

一、社会保险登记管理暂行办法

社会保险登记管理暂行办法

中华人民共和国劳动和社会保障部令第1号

依据《社会保险费征缴暂行条例》（中华人民共和国国务院令第259号），劳动和社会保障部制定了《社会保险登记管理暂行办法》，现予发布施行。

部长 张左己

一九九九年三月十九日

社会保险登记管理暂行办法

第一章　总　　则

第一条　为加强和规范社会保险登记管理，根据《社会保险费征缴暂行条例》（以下简称《条例》）的规定，制定本办法。

第二条 凡依据条例第二条、第三条、第二十九条的规定应当缴纳社会保险费的单位，应当按照本办法的规定办理社会保险登记，领取社会保险登记证。

第三条 县级以上劳动保障行政部门的社会保险经办机构（以下简称“社会保险经办机构”）主管社会保险登记。

第四条 社会保险经办机构应当与有关部门相互配合，加强对社会保险登记的管理。

第二章 登 记

第五条 从事生产经营的缴费单位自领取营业执照之日起30日内、非生产经营性单位自成立之日起30日内，应当向当地社会保险经办机构申请办理社会保险登记。条例施行前尚未参加社会保险的缴费单位，应当依据条例第八条，持本办法第七条规定的证件和资料到当地社会保险经办机构办理社会保险登记。

条例施行前已经参加社会保险的缴费单位，应当按照前款规定到当地社会保险经办机构补办社会保险登记。

第六条 社会保险登记实行属地管理。

缴费单位具有异地分支机构的，分支机构一般应当作为独立的缴费单位，向其所在地的社会保险经办机构单独申请办理社会保险登记。

跨地区的缴费单位，其社会保险登记地由相关地区协商确定。意见不一致时，由上一级社会保险经办机构确定登记地。

第七条 缴费单位申请办理社会保险登记时，应当填写社会保险登记表，并出示以下证件和资料：

（一）营业执照、批准成立证件或其他核准执业证件；

（二）国家质量技术监督部门颁发的组织机构统一代码证书；

（三）省、自治区、直辖市社会保险经办机构规定的其他有关证件、资料。

第八条 对缴费单位填报的社会保险登记表、提供的证件和资料，社会保险经办机构应当即时受理，并在自受理之日起10个工作日内审核完毕；符合规定的，予以登记，发给社会保险登记证。

第三章 变更登记

第九条 缴费单位的以下社会保险登记事项之一发生变更时，应当依法向原社会保险登记机构申请办理变更社会保险登记：

（一）单位名称；

（二）住所或地址；

（三）法定代表人或负责人；

（四）单位类型；

（五）组织机构统一代码；

（六）主管部门；

（七）隶属关系；

（八）开户银行账号；

（九）省、自治区、直辖市社会保险经办机构规定的其他事项。

第十条 缴费单位应当自工商行政管理机关办理变更登记或有关机关批准或变更之日起30日内，持下列证件和资料到原社会保险登记机构办理变更社会保险登记：

（一）变更社会保险登记申请书；

（二）工商变更登记表和工商执照或有关机关批准或宣布变更证明；

（三）社会保险登记证；

（四）省、自治区、直辖市社会保险经办机构规定的其他资料。

第十一条 申请变更登记单位提交材料齐全的，由社会保险经办机构发给社会保险变更登记表，并由申请变更登记单位依法如实填写，经社会保险经办机构审核后，归入缴费单位社会保险登记档案。

社会保险变更登记的内容涉及社会保险登记证件的内容需作更改的，社会保险经办机构应当收回原社会保险登记证，并按更改后的内容，重新核发社会保险登记证。

第四章　注销登记

第十二条　缴费单位发生解散、破产、撤销、合并以及其他情形，依法终止社会保险缴费义务时，应当及时向原社会保险登记机构申请办理注销社会保险登记。

第十三条　缴费单位应当自工商行政管理机关办理注销登记之日起30日内，向原社会保险登记机构申请办理注销社会保险登记；按照规定不需要在工商行政管理机关办理注销登记的缴费单位，应当自有关机关批准或者宣布终止之日起30日内，向原社会保险登记机构申请办理注销社会保险登记。

缴费单位被工商行政管理机关吊销营业执照的，应当自营业执照被吊销之日起30日内，向原社会保险登记机构申请办理注销登记。

第十四条　缴费单位因住所变动或生产、经营地址变动而涉及改变社会保险登记机构的，应当自上述变动发生之日起30日内，向原社会保险登记机构办理注销社会保险登记，并向迁达地社会保险经办机构办理社会保险登记。

第十五条　缴费单位在办理注销社会保险登记前，应当结清应缴纳的社会保险费、滞纳金、罚款。

缴费单位办理注销社会保险登记时，应当提交注销社会保险登记申请、法律文书或其他有关注销文件，经社会保险经办机构核准，办理注销社会保险登记手续，缴销社会保险登记证件。

第五章　登记证件

第十六条　社会保险登记证的样式由劳动和社会保障部制定。社会保险登记证由省、自治区、直辖市劳动保障行政部门统一印制，必要时可印制副本。

第十七条　社会保险登记证号冠以省、自治区、直辖市简称标识，并在省、自治区、直辖市范围内统一编码。省、自治区、直辖市社会保险经办机构应当将本省、自治区、直辖市的地区编码表报劳动和社会保障部备案。

第十八条　社会保险登记证由缴费单位保管。缴费单位在办理招聘和辞退职工手续时应当出示社会保险登记证。

第十九条 社会保险登记表、登记证填写的相关内容应当真实并且一致。

第二十条 社会保险经办机构对已核发的社会保险登记证件，实行定期验证和换证制度。缴费单位应当在规定的期限内到社会保险经办机构办理验证或换证手续。

第二十一条 社会保险登记证件不得伪造、变造、转让、涂改、买卖和损毁。

遗失社会保险登记证件的，应当及时向原社会保险登记机构报告，并申请补办。

第六章 附 则

第二十二条 省、自治区、直辖市人民政府确定由税务机关征收社会保险费的，社会保险经办机构应当按月向税务机关提供当月缴费单位社会保险登记、变更登记及注销登记的情况。

第二十三条 省、自治区、直辖市劳动保障行政部门可以根据本办法制定实施办法。

第二十四条 本办法自发布之日起施行。

附件：1. 社会保险登记表（样式）

2. 社会保险变更登记表（样式）

3. 社会保险登记证（样式）和印刷标准

4. 重庆样例

附件 1

社会保险登记表（样式）

<table>
<tr><td colspan="2">缴费单位名称</td><td>电话</td></tr>
<tr><td colspan="2">单位住所（地址）</td><td>邮编</td></tr>
<tr><td rowspan="4">工商登记
执照信息</td><td colspan="2">执照种类</td></tr>
<tr><td colspan="2">执照号码</td></tr>
<tr><td colspan="2">发照日期</td></tr>
<tr><td colspan="2">有效期限</td></tr>
<tr><td rowspan="3">批准成立
信息</td><td colspan="2">批准单位</td></tr>
<tr><td colspan="2">批准日期</td></tr>
<tr><td colspan="2">批准文号</td></tr>
<tr><td rowspan="3">法定代表人
或负责人</td><td colspan="2">姓名</td></tr>
<tr><td colspan="2">身份证号</td></tr>
<tr><td colspan="2">电话</td></tr>
<tr><td rowspan="3">缴费单
位专管员</td><td colspan="2">姓名</td></tr>
<tr><td colspan="2">所在单位</td></tr>
<tr><td colspan="2">电话</td></tr>
<tr><td colspan="2">单位类型</td><td>隶属关系</td></tr>
<tr><td colspan="3">主管部门或总机构</td></tr>
<tr><td colspan="2">开户银行</td><td>户名</td></tr>
<tr><td colspan="3">银行基本账号</td></tr>
</table>

社会保险登记表（样式）

<table>
<tr><td rowspan="6">参加险种
及日期</td><td colspan="2">参加险种</td><td>参加日期</td></tr>
<tr><td colspan="2"></td><td></td></tr>
<tr><td colspan="2"></td><td></td></tr>
<tr><td colspan="2"></td><td></td></tr>
<tr><td colspan="2"></td><td></td></tr>
<tr><td colspan="2"></td><td></td></tr>
<tr><td rowspan="4">所属分支
机构信息</td><td>负责人</td><td>名称</td><td>地址</td></tr>
<tr><td></td><td></td><td></td></tr>
<tr><td></td><td></td><td></td></tr>
<tr><td></td><td></td><td></td></tr>
<tr><td>备注</td><td colspan="3"></td></tr>
<tr><td>社会保险经办
机构审核意见</td><td colspan="3">经办人（章）　单位负责人（章）　社保机构（章）</td></tr>
<tr><td colspan="4">社会保险登记证编码</td></tr>
</table>

社会保险登记表填表说明

1. 单位名称和住所（地址），需与工商登记或有关机关批准文件上的单位名称和住所（地址）一致。

2. 需经工商登记、领取工商执照的单位（如各类企业）填写“工商登记执照信息”栏；不经工商登记设立的单位（如机关、事业单位、社会团体等）填写“批准成立信息”栏。

3. 具有法人资格的单位，填写法定代表人有关信息；不具有法人资格的分支机构，填写单位负责人有关信息。

4. 单位类型分四大类：企业、机关、事业单位和社会团体。企业要填写详细的企业类型，并与工商营业执照上的填写内容一致；事业单位要填写事业单位类别（如企业化管理的事业单位、非企业化管理的事业单位等）。

5. 隶属关系指企业的所属关系，如中央企业、省属企业等。

6. 有上级主管部门或是分支机构的单位，应填写“主管部门或总机构”栏。

7. 登记证编码由社会保险经办机构填写。缴费单位的社会保险登记申请经审核同意后，由社会保险经办机构赋予登记证编码。

附件2

社会保险变更登记表

原登记事项		变更事项
单位名称		单位名称
住所（地址）		住所（地址）
法定代表人（负责人）	姓名	姓名
	身份证号	身份证号
缴费单位专管员	姓名	姓名
	所在部门	所在部门
单位类型		单位类型
隶属关系		隶属关系
主管部门或总机构		主管部门或总机构
开户银行		开户银行
银行基本账号		银行基本账号
登记证编号		登记证编号
备注		
社会保险经办机构审核意见		

附件 3

社会保险登记证（样式）

封面

社会保险登记证 中华人民共和国 劳动和社会保障部　监制

封底

本页无正文、图案

封二

机器雕刻“花球”图案中间镶嵌
“社会保障”英文缩写彩色标识

封三

本页为英文“缴费单位须知”

正页一

社会保险登记证（中、英文） 正本或副本（中、英文） 社险　　字　号（中、英文） 中华人民共和国 劳动和社会保障部监制（中、英文）

正页二

单位名称（中、英文） 住所（地址）（中、英文） 单位类型（中、英文） 法定代表人（负责人）（中、英文） 组织机构统一代码（中、英文） 有效期限（中、英文） 发证机构（中、英文） 发证日期（中、英文）

正页三

<table>
<tr><td colspan="2" align="center">验证记录
（中、英文）</td></tr>
<tr><td>验证机构
（中、英文）</td><td>年　月　日</td></tr>
<tr><td>验证机构
（中、英文）</td><td>年　月　日</td></tr>
<tr><td>验证机构
（中、英文）</td><td>年　月　日</td></tr>
<tr><td>验证机构
（中、英文）</td><td>年　月　日</td></tr>
</table>

正页四

<table>
<tr><td align="center">本页为中文“缴费单位须知”</td></tr>
</table>

社会保险登记证的印制标准

1. 封面规格 196mm × 134mm，内芯规格 190mm × 130mm。

2. 内芯用纸为菊花图案专用水印纸。

3. 从防伪的要求出发，底纹采用同人民币一样的设计，线状构成。用“社会保险”英文缩写和“社会保险”中文字样组合成大小不一渐变的底纹，并与机器雕刻“花球”组成一体，还配有机器雕刻“花边”。

4. 采用与人民币同样的五色荧光工艺，封二印制有在荧光下可见到的“社会保险”英文缩写标识和“劳动和社会保障部监制”中文字样。

5. 封面采用双层 PVC 材料，中间夹有进口硬纸板（厚度 2mm），采用凹烫金工艺，能保持经久耐磨和超低温不变形。

附件 4

重庆样例

重庆市行政区域代码

名称	代码	名称	代码
万州区、龙宝区、五桥区、天城区	01	梁平县	28
		城口县	29
涪陵区	02	丰都县	30
渝中区	03	垫江县	31
大渡口区	04	武隆县	32
江北区	05	忠县	33
沙坪坝区	06	开 县	34
九龙坡区、高新技术开发区	07	云阳县	35
南岸区、经济技术开发区	08	奉节县	36
北碚区	09	巫山县	37
万盛区	10	巫山县	38
双桥区	11	黔江开发区、黔江土家族自治县	39
渝北区	12	石柱土家族自治县	40
巴南区	13	秀山土家族苗族自治县	41
		酉阳土家族苗族自治县	42
长寿县	21	彭水苗族土家族自治县	43
綦江县	22		
潼南县	23	江津市	81
铜梁县	24	合川市	82
大足县	25	永川市	83
荣昌县	26	南川市	84
璧山县	27		

重庆市社会保险登记表

单位名称________________________________

申请日期________________________________

登记证编码________________________________

重庆市劳动局印制

重庆市社会保险登记表（样式）

<table>
<tr><td colspan="2">单位名称</td><td colspan="2"></td><td>单位类型</td><td></td></tr>
<tr><td colspan="2">隶属关系</td><td colspan="2"></td><td>户　名</td><td></td></tr>
<tr><td colspan="2">主管部门或总机构</td><td colspan="2"></td><td>开户银行</td><td></td></tr>
<tr><td colspan="2">单位住所（地址）</td><td colspan="2"></td><td>银行基本账号</td><td></td></tr>
<tr><td colspan="2">邮政编码</td><td colspan="2"></td><td>原养老保险编码</td><td></td></tr>
<tr><td rowspan="3">工商登记执照</td><td>执照种类</td><td colspan="2"></td><td>发照日期</td><td></td></tr>
<tr><td>执照号码</td><td colspan="2"></td><td>有效期限</td><td></td></tr>
<tr><td>注册地址</td><td colspan="2"></td><td>企业类型代码</td><td></td></tr>
<tr><td rowspan="3">法人代码证书</td><td>单位名称</td><td></td><td rowspan="3">法定代表人或负责人</td><td>姓名</td><td></td></tr>
<tr><td>代　码</td><td></td><td>身份证号</td><td></td></tr>
<tr><td>颁法日期</td><td></td><td>电话</td><td></td></tr>
<tr><td rowspan="3">地税登记证</td><td>税务登记号</td><td colspan="4"></td></tr>
<tr><td>税务机关名称</td><td colspan="4"></td></tr>
<tr><td>发证日期</td><td colspan="4"></td></tr>
<tr><td rowspan="3">批准成立信息</td><td>批准单位</td><td colspan="4"></td></tr>
<tr><td>批准文号</td><td colspan="4"></td></tr>
<tr><td>批准日期</td><td colspan="4"></td></tr>
<tr><td rowspan="3">缴费单位专管员</td><td>姓名</td><td colspan="4"></td></tr>
<tr><td>所在部门</td><td colspan="4"></td></tr>
<tr><td>电话</td><td colspan="4"></td></tr>
</table>

重庆市社会保险登记表（样式）

<table>
<tr><td rowspan="6">参加险种及日期</td><td colspan="2">参加险种</td><td>参加日期</td></tr>
<tr><td colspan="2">基本养老保险</td><td></td></tr>
<tr><td colspan="2">失业保险</td><td></td></tr>
<tr><td colspan="2"></td><td></td></tr>
<tr><td colspan="2"></td><td></td></tr>
<tr><td colspan="2"></td><td></td></tr>
<tr><td rowspan="6">所属分支机构信息</td><td>负责人</td><td>名 称</td><td>地址</td></tr>
<tr><td></td><td></td><td></td></tr>
<tr><td></td><td></td><td></td></tr>
<tr><td></td><td></td><td></td></tr>
<tr><td></td><td></td><td></td></tr>
<tr><td></td><td></td><td></td></tr>
<tr><td>社会保险经办机构审核意见</td><td colspan="3">经办人（章）　　单位负责人（章）　　经办机构（章）
年　月　日</td></tr>
<tr><td colspan="4">社会保险登记证编码</td></tr>
<tr><td>备注</td><td colspan="3"></td></tr>
</table>

社会保险登记表填表说明

1. 单位名称和住所（地址），需与工商登记或有关机关批准文件上的单位名称和住所（地址）一致。

2. 需经工商登记、领取工商执照的单位（如各类企业）填写“工商登记执照”栏；不经工商登记设立的单位（如机关、事业单位、社会团体等）填写“批准成立信息”栏。

3. 具有法人资格的单位，填写法定代表人有关信息；不具有法人资格的分支机构，填写单位负责人有关信息。

4. 单位类型分四大类：企业、机关、事业单位和社会团体。企业要填写详细的企业类型，并与工商营业执照上的填写内容一致；事业单位要填写事业单位类别（如全额拨款、差额拨款、自收自支、企业化管理的事业单位）。

5. 企业类型代码分六大类：国有企业—110，集体企业—120，私营企业—170，其他企业—190，港二澳、台投资企业—200，外商投资企业—300。

6. 隶属关系指企业的所属关系，如中央企业、省属企业等。

7. 有上级主管部门或是分支机构的单位，应填写“主管部门或总机构”栏。

8. 登记证编码由社会保险经办机构填写。缴费单位的社会保险登记申请经审核同意后，由社会保险经办机构赋予登记证编码。

9. 此表由登记单位用钢笔或毛笔填写（不得复写）一式三份，经登记审核后，登记单位一份，社会保险经办机构二份。

重庆市社会保险变更登记表（样式）

<table>
<tr><td colspan="2">原登记事项</td><td>变更事项</td></tr>
<tr><td colspan="2">单位名称</td><td>单位名称</td></tr>
<tr><td colspan="2">住所（地址）</td><td>住所（地址）</td></tr>
<tr><td rowspan="2">法定代表人（负责人）</td><td>姓名</td><td>姓名</td></tr>
<tr><td>身份证号</td><td>身份证号</td></tr>
<tr><td rowspan="2">缴费单位专管员</td><td>姓名</td><td>姓名</td></tr>
<tr><td>所在部门</td><td>所在部门</td></tr>
<tr><td colspan="2">单位类型</td><td>单位类型</td></tr>
<tr><td colspan="2">隶属关系</td><td>隶属关系</td></tr>
<tr><td colspan="2">主管部门或总机构</td><td>主管部门或总机构</td></tr>
<tr><td colspan="2">开户银行</td><td>开户银行</td></tr>
<tr><td colspan="2">银行基本账号</td><td>银行基本账号</td></tr>
<tr><td colspan="2">登记证编号</td><td>登记证编号</td></tr>
<tr><td>社会保险经办机构审核意见</td><td colspan="2">经办人（章）　单位负责人（章）　经办机构（章）
年　月　日</td></tr>
<tr><td>备注</td><td colspan="2"></td></tr>
</table>

注：此表一式三份，缴费单位一份，社保经办机构二份。

重庆市注销社会保险登记申请表（样式）

<table>
<tr><td>单位名称</td><td></td><td>社会保险登记证编码</td><td></td></tr>
<tr><td>申请注销的理由</td><td colspan="3">经办人（章）　　单位负责人（章）　　经办机构（章）
年　月　日</td></tr>
<tr><td>注销的依据</td><td colspan="3"></td></tr>
<tr><td>社保机构审核意见</td><td colspan="3">经办人（章）　　单位负责人（章）　　经办机构（章）
年　月　日</td></tr>
<tr><td>备注</td><td colspan="3"></td></tr>
</table>

二、社会保险费申报缴纳管理规定

社会保险费申报缴纳管理规定

中华人民共和国人力资源和社会保障部令第20号

《社会保险费申报缴纳管理规定》已经人力资源和社会保障部第114次部务会审议通过，现予公布，自2013年11月1日起施行。

二〇一三年九月二十六日

目录

第一章　总　　则

第一条　为规范社会保险费的申报和缴纳管理工作，根据《中华人民共和国社会保险法》（以下简称《社会保险法》）《社会保险费征缴暂行条例》，制定本规定。

第二条　用人单位进行缴费申报和社会保险经办机构征收社会保险费，适用本规定。

本规定所称社会保险费，是指由用人单位及其职工依法参加社会保险并缴纳的职工基本养老保险费、职工基本医疗保险费、工伤保险费、失业保险费和生育保险费。

第三条　社会保险经办机构负责社会保险缴费申报、核定等工作。

省、自治区、直辖市人民政府决定由社会保险经办机构征收社会保险费的，社会保险经办机构应当依法征收社会保险费。

社会保险经办机构负责征收的社会保险费，实行统一征收。

第二章　社会保险费申报

第四条　用人单位应当按月在规定期限内到当地社会保险经办机构办理缴费申报，申报事项包括：

（一）用人单位名称、组织机构代码、地址及联系方式；

（二）用人单位开户银行、户名及账号；

（三）用人单位的缴费险种、缴费基数、费率、缴费数额；

（四）职工名册及职工缴费情况；

（五）社会保险经办机构规定的其他事项。

在一个缴费年度内，用人单位初次申报后，其余月份可以只申报前款规定事项的变动情况；无变动的，可以不申报。

第五条　职工应缴纳的社会保险费由用人单位代为申报。代职工申报的事项包括：职工姓名、社会保障号码、用工类型、联系地址、代扣代缴明细等。

用人单位代职工申报的缴费明细以及变动情况应当经职工本人签字认可，由用人单位留存备查。

第六条　用人单位到社会保险经办机构办理社会保险缴费申报有困难的，经社会保险经办机构同意，可以邮寄申报。邮寄申报以寄出地的邮戳日期为实际申报日期。

有条件的地区，用人单位也可以按照社会保险经办机构的规定进行网上申报。

第七条　用人单位应当向社会保险经办机构如实申报第四条、第五条所列申报事项。用人单位申报材料齐全、缴费基数和费率符合规定、填报数量关系一致的，社会保险经办机构核准后出具缴费通知单；用人单位申报材料不符合规定的，退用人单位补正。

社会保险经办机构在开展社会保险稽核工作过程中，发现用人单位未如实申报造成漏缴、少缴社会保险费的，按照《社会保险法》第八十六条的规定处理。

第八条 用人单位应当自用工之日起 30 日内为其职工申请办理社会保险登记并申报缴纳社会保险费。未办理社会保险登记的，由社会保险经办机构核定其应当缴纳的社会保险费。

用人单位未按照规定申报应缴纳的社会保险费数额的，社会保险经办机构暂按该单位上月缴费数额的 110% 确定应缴数额；没有上月缴费数额的，社会保险经办机构暂按该单位的经营状况、职工人数、当地上年度职工平均工资等有关情况确定应缴数额。用人单位补办申报手续后，由社会保险经办机构按照规定结算。

第九条 用人单位因不可抗力，不能按期办理缴费申报的，可以延期申报；不可抗力情形消除后，应当立即向社会保险经办机构报告。社会保险经办机构应当查明事实，予以核准。

第三章 社会保险费缴纳

第十条 用人单位应当持社会保险经办机构出具的缴费通知单在规定的期限内采取下列方式之一缴纳社会保险费：

（一）到其开户银行或者其他金融机构缴纳；

（二）与社会保险经办机构约定的其他方式。

社会保险经办机构、用人单位可以与银行或者其他金融机构签订协议，委托银行或者其他金融机构根据社会保险经办机构开出的托收凭证划缴用人单位和为其职工代扣的社会保险费。

第十一条 职工应当缴纳的社会保险费由用人单位代扣代缴。用人单位依法履行代扣代缴义务时，任何单位或者个人不得干预或者拒绝。

用人单位未按时足额代缴的，社会保险经办机构应当责令其限期缴纳，并自欠缴之日起按日加收 0.5‰的滞纳金。用人单位不得要求职工承担滞纳金。

第十二条 征收的社会保险费，应当存入社会保险经办机构按照规定开设的社会保险基金收入户。社会保险经办机构应当按照有关规定定期将收到的基金存入依法开设的社会保险基金财政专户。

第十三条 社会保险经办机构对已征收的社会保险费，根据用人单位实际缴纳额（包括代扣代缴额）和代扣代缴明细，按照国家有关规定进行记账。

第十四条 用人单位应当按月将缴纳社会保险费的明细情况告知职工本人。

用人单位应当每年向本单位职工代表大会通报或者在本单位住所的显著位置公布本单位全年社会保险费缴纳情况，接受职工监督。

第十五条 社会保险经办机构应当及时、完整、准确地记录用人单位及其职工的缴费情况，并将缴费情况定期告知用人单位和职工。用人单位和职工有权按照《社会保险个人权益记录管理办法》等规定查询缴费情况。

社会保险经办机构应当至少每年一次向社会公布社会保险费征收情况，接受社会监督。

第四章 未按时足额缴纳社会保险费的处理

第十六条 用人单位有下列情形之一的，社会保险经办机构应当于查明欠缴事实之日起5个工作日内发出社会保险费限期补缴通知，责令用人单位在收到通知后5个工作日内补缴，同时告知其逾期仍未缴纳的，将按照社会保险法第六十三条、第八十六条的规定处理：

（一）未按规定申报且未缴纳社会保险费的；

（二）申报后未按时足额缴纳社会保险费的；

（三）因瞒报、漏报职工人数、缴费基数等事项而少缴社会保险费的。

第十七条 用人单位未按照本规定第十六条规定的期限补缴的，社会保险经办机构可以按照社会保险法第六十三条第二款的规定，向用人单位开户银行或者其他金融机构查询其存款账户。

第十八条 社会保险经办机构可以根据查询结果向所属的社会保险行政部门申请作出划拨社会保险费的决定，并提交下列材料：

（一）用人单位名称、法定代表人、地址、联系方式；

（二）用人单位开户银行、户名及账号；

（三）申请划拨的事实、理由及依据；

（四）申请划拨的社会保险费数额；

（五）社会保险行政部门要求提供的其他材料。

第十九条 社会保险行政部门接到社会保险经办机构划拨申请后，应当按照《中华人民共和国行政强制法》的规定，及时做出划拨社会保险费决定，并书面通知用人单位开户银行或者其他金融机构予以划拨。

第二十条 社会保险行政部门做出的划拨社会保险费决定，应当按照《中华人民共和国行政强制法》的规定送达用人单位，并抄送社会保险经办机构。

第二十一条 经查询，用人单位账户余额少于应当缴纳的社会保险费数额的，或者划拨后用人单位仍未足额清偿社会保险费的，社会保险经办机构可以要求用人单位以抵押、质押的方式提供担保。

第二十二条 用人单位应当到社会保险经办机构认可的评估机构对其抵押财产或者质押财产进行评估，经社会保险经办机构审核后，对能够足额清偿社会保险费的，双方依法签订抵押合同或者质押合同；需要办理登记的，应当依法办理抵押登记或者质押登记。

第二十三条 社会保险经办机构与用人单位签订抵押合同或者质押合同后，应当签订延期缴费协议，并约定协议期满用人单位仍未足额清偿社会保险费的，社会保险经办机构可以参照协议期满时的市场价格，以抵押财产、质押财产折价或者以拍卖、变卖所得抵缴社会保险费。

延期缴费协议期限最长不超过1年。

第二十四条 用人单位提供担保并签订延期缴费协议的，其职工在延缴期间按照规定享受社会保险待遇。

第二十五条 用人单位经责令仍未补缴且有下列情形之一的，社会保险经办机构可以按照社会保险法第六十三条第三款的规定，向所在地有管辖权的人民法院申请扣押、查封、拍卖用人单位财产，以拍卖所得抵缴应缴纳的社会保险费、滞纳金：

（一）经查询，用人单位开户银行账户余额少于应缴纳的社会保险费数额且未签订担保合同的；

（二）经划拨，用人单位仍未足额清偿应缴纳的社会保险费且未签订担保合同的；

（三）延期缴费协议期满，因担保财产的市场价格或者权利状况发生变化，用人单位仍未足额清偿应缴纳的社会保险费的。

第二十六条　社会保险经办机构申请人民法院强制执行的，应当提供下列材料：

（一）强制执行申请书；

（二）用人单位欠缴社会保险费及加收滞纳金的事实、理由和依据；

（三）社会保险经办机构限期补缴通知；

（四）用人单位的意见；

（五）用人单位有本规定第二十五条所列情形时的相关材料；

（六）申请强制执行的用人单位财产情况；

（七）法律、行政法规规定以及人民法院要求的其他材料。

强制执行申请书应当由社会保险经办机构负责人签名，加盖社会保险经办机构的印章，并注明日期。

第五章　法律责任

第二十七条　社会保险行政部门及其工作人员作出划拨社会保险费决定时，有下列行为之一的，按照《中华人民共和国行政强制法》的规定，由上级社会保险行政部门或者有关部门责令改正，对直接负责的主管人员和其他直接责任人员依法给予处分；给用人单位或者个人造成损失的，依法承担赔偿责任；构成犯罪的，依法追究刑事责任：

（一）违反法定程序做出划拨社会保险费决定的；

（二）未在规定时限内及时做出划拨社会保险费决定并书面通知用人单位开户银行或者其他金融机构的；

（三）决定划拨的社会保险费数额错误的；

（四）向当事人泄露信息影响划拨社会保险费的；

（五）有违反法律、法规和规章的其他行为的。

第二十八条 社会保险经办机构及其工作人员有下列行为之一的，由社会保险行政部门责令改正，视情节轻重对直接负责的主管人员和其他直接责任人员依法给予相应处分：

（一）未按照本规定第八条核定或者确定用人单位应当缴纳的社会保险费数额的；

（二）对已征收的社会保险费未按照国家规定记账的；

（三）未依法责令欠缴社会保险费的用人单位限期补缴社会保险费、加收滞纳金的；

（四）申请人民法院强制执行不符合规定的；

（五）签订担保合同和延期缴费协议不符合规定的；

（六）未按照规定审核、处置担保财产的；

（七）法律、法规和规章规定的其他情形。

第二十九条 社会保险经办机构擅自更改社会保险费缴费基数、费率，导致少收或者多收社会保险费的，由社会保险行政部门责令其追缴应当缴纳的社会保险费或者退还不应当缴纳的社会保险费；对直接负责的主管人员和其他直接责任人员依法给予处分。

第三十条 用人单位未按照规定向社会保险经办机构进行缴费申报或者未按照规定缴纳社会保险费的，社会保险行政部门应当依法查处。

用人单位未按时足额缴纳社会保险费的，由社会保险经办机构按照社会保险法第八十六条的规定，责令其限期缴纳或者补足，并自欠缴之日起按日加收0.5‰的滞纳金；逾期仍不缴纳的，由社会保险行政部门处欠缴数额1倍以上3倍以下的罚款。

第三十一条 用人单位未按月将代扣代缴社会保险费明细情况告知职工本人，或者未按照规定通报、公布本单位全年社会保险费缴纳情况的，职工有权向社会保险行政部门举报、投诉。

第六章 附则

第三十二条 社会保险费由税务机关征收的，社会保险经办机构应当及时将用人单位和职工应缴社会保险费数额提供给税务机关；税务机关应当及时向社会保险经办机构提供用人单位和职工的缴费情况。

社会保险经办机构应当按月将单位和个人缴纳失业保险费的情况提供给负责支付失业保险待遇的经办机构。

第三十三条 以个人身份参加社会保险的，社会保险费申报和缴纳办法另行规定。

第三十四条 本规定自2013年11月1日起施行。原劳动和社会保障部《社会保险费申报缴纳管理暂行办法》（劳动和社会保障部令第2号）同时废止。

三、人力资源和社会保障部关于执行《工伤保险条例》若干问题的意见

人力资源和社会保障部关于执行《工伤保险条例》若干问题的意见

人社部发〔2013〕34号

各省、自治区、直辖市及新疆生产建设兵团人力资源社会保障厅（局）：

《国务院关于修改〈工伤保险条例〉的决定》（国务院令第586号）已经于2011年1月1日实施。为贯彻执行新修订的《工伤保险条例》，妥善解决实际工作中的问题，更好地保障职工和用人单位的合法权益，现提出如下意见。

一、《工伤保险条例》（以下简称《条例》）第十四条第（五）项规定的“因工外出期间”的认定，应当考虑职工外出是否属于用人单位指派的因工作外出，遭受的事故伤害是否因工作原因所致。

二、《条例》第十四条第（六）项规定的“非本人主要责任”的认定，应当以有关机关出具的法律文书或者人民法院的生效裁决为依据。

三、《条例》第十六条第（一）项“故意犯罪”的认定，应当以司法机关的生效法律文书或者结论性意见为依据。

四、《条例》第十六条第（二）项“醉酒或者吸毒”的认定，应当以有关机关出具的法律文书或者人民法院的生效裁决为依据。无法获得上述证据的，可以结合相关证据认定。

五、社会保险行政部门受理工伤认定申请后，发现劳动关系存在争议且无法确认的，应告知当事人可以向劳动人事争议仲裁委员会申请仲裁。在此期间，做出工伤认定决定的时限中止，并书面通知申请工伤认定的当事人。劳动关系依法确认后，当事人应将有关法律文书送交受理工伤认定申请的社会保险行政部门，该部门自收到生效法律文书之日起恢复工伤认定程序。

六、符合《条例》第十五条第（一）项情形的，职工所在用人单位原则上应自职工死亡之日起 5 个工作日内向用人单位所在统筹地区社会保险行政部门报告。

七、具备用工主体资格的承包单位违反法律、法规规定，将承包业务转包、分包给不具备用工主体资格的组织或者自然人，该组织或者自然人招用的劳动者从事承包业务时因工伤亡的，由该具备用工主体资格的承包单位承担用人单位依法应承担的工伤保险责任。

八、曾经从事接触职业病危害作业、当时没有发现罹患职业病、离开工作岗位后被诊断或鉴定为职业病的符合下列条件的人员，可以自诊断、鉴定为职业病之日起一年内申请工伤认定，社会保险行政部门应当受理：

（一）办理退休手续后，未再从事接触职业病危害作业的退休人员；

（二）劳动或聘用合同期满后或者本人提出而解除劳动或聘用合同后，未再从事接触职业病危害作业的人员。

经工伤认定和劳动能力鉴定，前款第（一）项人员符合领取一次性伤残补助金条件的，按就高原则以本人退休前 12 个月平均月缴费工资或者确诊职业病前 12 个月的月平均养老金为基数计发。前款第（二）项人员被鉴定为一级至十级伤残、按《条例》规定应以本人工资作为基数享受相关待遇的，按本人终止或者解除劳动、聘用合同前 12 个月平均月缴费工资计发。

九、按照本意见第八条规定被认定为工伤的职业病人员，职业病诊断证明书（或职业病诊断鉴定书）中明确的用人单位，在该职工从业期间依法为其缴纳工伤保险费的，按《条例》的规定，分别由工伤保险基金和用人单位支付工伤保险待遇；未依法为该职工缴纳工伤保险费的，由用人单位按照《条例》规定的相关项目和标准支付待遇。

十、职工在同一用人单位连续工作期间多次发生工伤的，符合《条例》第三十六条、第三十七条规定领取相关待遇时，按照其在同一用人单位发生工伤的最高伤残级别，计发一次性伤残就业补助金和一次性工伤医疗补助金。

十一、依据《条例》第四十二条的规定停止支付工伤保险待遇的，在停止支付待遇的情形消失后，自下月起恢复工伤保险待遇，停止支付的工伤保险待遇不予补发。

十二、《条例》第六十二条第三款规定的“新发生的费用”，是指用人单位职工参加工伤保险前发生工伤的，在参加工伤保险后新发生的费用。

十三、由工伤保险基金支付的各项待遇应按《条例》相关规定支付，不得采取将长期待遇改为一次性支付的办法。

十四、核定工伤职工工伤保险待遇时，若上一年度相关数据尚未公布，可暂按前一年度的全国城镇居民人均可支配收入、统筹地区职工月平均工资核定和计发，待相关数据公布后再重新核定，社会保险经办机构或者用人单位予以补发差额部分。

本意见自发文之日起执行，此前有关规定与本意见不一致的，按本意见执行。执行中有重大问题，请及时报告我部。

四、人力资源和社会保障部关于执行《工伤保险条例》若干问题的意见（二）

人力资源和社会保障部关于执行《工伤保险条例》若干问题的意见（二）

人社部发〔2016〕29号

各省、自治区、直辖市及新疆生产建设兵团人力资源社会保障厅（局）：

为更好地贯彻执行新修订的《工伤保险条例》，提高依法行政能力和水平，妥善解决实际工作中的问题，保障职工和用人单位合法权益，现提出如下意见：

一、一级至四级工伤职工死亡，其近亲属同时符合领取工伤保险丧葬补助金、供养亲属抚恤金待遇和职工基本养老保险丧葬补助金、抚恤金待遇条件的，由其近亲属选择领取工伤保险或职工基本养老保险其中一种。

二、达到或超过法定退休年龄，但未办理退休手续或者未依法享受城镇职工基本养老保险待遇，继续在原用人单位工作期间受到事故伤害或患职业病的，用人单位依法承担工伤保险责任。

用人单位招用已经达到、超过法定退休年龄或已经领取城镇职工基本养老保险待遇的人员，在用工期间因工作原因受到事故伤害或患职业病的，如招用单位已按项目参保等方式为其缴纳工伤保险费的，应适用《工伤保险条例》。

三、《工伤保险条例》第六十二条规定的“新发生的费用”，是指用人单位参加工伤保险前发生工伤的职工，在参加工伤保险后新发生的费用。其中由工伤保险基金支付的费用，按不同情况予以处理：

（一）因工受伤的，支付参保后新发生的工伤医疗费、工伤康复费、住院伙食补助费、统筹地区以外就医交通食宿费、辅助器具配置费、生活护理费、一级至四级伤残职工伤残津贴，以及参保后解除劳动合同时的一次性工伤医疗补助金；

（二）因工死亡的，支付参保后新发生的符合条件的供养亲属抚恤金。

四、职工在参加用人单位组织或者受用人单位指派参加其他单位组织的活动中受到事故伤害的，应当视为工作原因，但参加与工作无关的活动除外。

五、职工因工作原因驻外，有固定的住所、有明确的作息时间，工伤认定时按照在驻在地当地正常工作的情形处理。

六、职工以上下班为目的、在合理时间内往返于工作单位和居住地之间的合理路线，视为上下班途中。

七、用人单位注册地与生产经营地不在同一统筹地区的，原则上应在注册地为职工参加工伤保险；未在注册地参加工伤保险的职工，可由用人单位在生产经营地为其参加工伤保险。

劳务派遣单位跨地区派遣劳动者，应根据《劳务派遣暂行规定》参加工伤保险。建筑施工企业按项目参保的，应在施工项目所在地参加工伤保险。

职工受到事故伤害或者患职业病后，在参保地进行工伤认定、劳动能力鉴定，并按照参保地的规定依法享受工伤保险待遇；未参加工伤保险的职工，应当在生产经营地进行工伤认定、劳动能力鉴定，并按照生产经营地的规定依法由用人单位支付工伤保险待遇。

八、有下列情形之一的，被延误的时间不计算在工伤认定申请时限内。

（一）受不可抗力影响的；

（二）职工由于被国家机关依法采取强制措施等人身自由受到限制不能申请工伤认定的；

（三）申请人正式提交了工伤认定申请，但因社会保险机构未登记或者材料遗失等原因造成申请超时限的；

（四）当事人就确认劳动关系申请劳动仲裁或提起民事诉讼的；

（五）其他符合法律法规规定的情形。

九、《工伤保险条例》第六十七条规定的“尚未完成工伤认定的”，是指在《工伤保险条例》施行前遭受事故伤害或被诊断鉴定为职业病，且在工伤认定申请法定时限内（从《工伤保险条例》施行之日起算）提出工伤认定申请，尚未做出工伤认定的情形。

十、因工伤认定申请人或者用人单位隐瞒有关情况或者提供虚假材料，导致工伤认定决定错误的，社会保险行政部门发现后，应当及时予以更正。

本意见自发文之日起执行，此前有关规定与本意见不一致的，按本意见执行。执行中有重大问题，请及时报告我部。

五、失业保险条例

失业保险条例

中华人民共和国国务院令第258号

目录

1998年12月26日国务院第11次常务会议通过，现予发布，自发布之日起施行。

一九九九年一月二十二日

第一章　总　　则

第一条　为了保障失业人员失业期间的基本生活，促进其再就业，制定本条例。

第二条　城镇企业事业单位、城镇企业事业单位职工依照本条例的规定，缴纳失业保险费。

城镇企业事业单位失业人员依照本条例的规定，享受失业保险待遇。

本条所称城镇企业，是指国有企业、城镇集体企业、外商投资企业、城镇私营企业以及其他城镇企业。

第三条　国务院劳动保障行政部门主管全国的失业保险工作。县级以上地方各级人民政府劳动保障行政部门主管本行政区域内的失业保险工作。劳动保障行政部门按照国务院规定设立的经办失业保险业务的社会保险经办机构依照本条例的规定，具体承办失业保险工作。

第四条 失业保险费按照国家有关规定征缴。

第二章 失业保险基金

第五条 失业保险基金由下列各项构成：

（一）城镇企业事业单位、城镇企业事业单位职工缴纳的失业保险费；

（二）失业保险基金的利息；

（三）财政补贴；

（四）依法纳入失业保险基金的其他资金。

第六条 城镇企业事业单位按照本单位工资总额的2%缴纳失业保险费。城镇企业事业单位职工按照本人工资的1%缴纳失业保险费。城镇企业事业单位招用的农民合同制工人本人不缴纳失业保险费。

第七条 失业保险基金在直辖市和设区的市实行全市统筹；其他地区的统筹层次由省、自治区人民政府规定。

第八条 省、自治区可以建立失业保险调剂金。

失业保险调剂金以统筹地区依法应当征收的失业保险费为基数，按照省、自治区人民政府规定的比例筹集。

统筹地区的失业保险基金不敷使用时，由失业保险调剂金调剂、地方财政补贴。

失业保险调剂金的筹集、调剂使用以及地方财政补贴的具体办法，由省、自治区人民政府规定。

第九条 省、自治区、直辖市人民政府根据本行政区域失业人员数量和失业保险基金数额，报经国务院批准，可以适当调整本行政区域失业保险费的费率。

第十条 失业保险基金用于下列支出：

（一）失业保险金；

（二）领取失业保险金期间的医疗补助金；

（三）领取失业保险金期间死亡的失业人员的丧葬补助金和其供养的配偶、直系亲属的抚恤金；

（四）领取失业保险金期间接受职业培训、职业介绍的补贴，补贴的办法和标准由省、自治区、直辖市人民政府规定；

（五）国务院规定或者批准的与失业保险有关的其他费用。

第十一条 失业保险基金必须存入财政部门在国有商业银行开设的社会保障基金财政专户，实行收支两条线管理，由财政部门依法进行监督。

存入银行和按照国家规定购买国债的失业保险基金，分别按照城乡居民同期存款利率和国债利息计息。失业保险基金的利息并入失业保险基金。

失业保险基金专款专用，不得挪作他用，不得用于平衡财政收支。

第十二条 失业保险基金收支的预算、决算，由统筹地区社会保险经办机构编制，经同级劳动保障行政部门复核、同级财政部门审核，报同级人民政府审批。

第十三条 失业保险基金的财务制度和会计制度按照国家有关规定执行。

第三章 失业保险待遇

第十四条 具备下列条件的失业人员，可以领取失业保险金：

（一）按照规定参加失业保险，所在单位和本人已按照规定履行缴费义务满 1 年的；

（二）非因本人意愿中断就业的；

（三）已办理失业登记，并有求职要求的。

失业人员在领取失业保险金期间，按照规定同时享受其他失业保险待遇。

第十五条 失业人员在领取失业保险金期间有下列情形之一的，停止领取失业保险金，并同时停止享受其他失业保险待遇：

（一）重新就业的；

（二）应征服兵役的；

（三）移居境外的；

（四）享受基本养老保险待遇的；

（五）被判刑收监执行或者被劳动教养的；

（六）无正当理由，拒不接受当地人民政府指定的部门或者机构介绍的工作的；

（七）有法律、行政法规规定的其他情形的。

第十六条　城镇企业事业单位应当及时为失业人员出具终止或者解除劳动关系的证明，告知其按照规定享受失业保险待遇的权利，并将失业人员的名单自终止或者解除劳动关系之日起 7 日内报社会保险经办机构备案。

城镇企业事业单位职工失业后，应当持本单位为其出具的终止或者解除劳动关系的证明，及时到指定的社会保险经办机构办理失业登记。失业保险金自办理失业登记之日起计算。

失业保险金由社会保险经办机构按月发放。社会保险经办机构为失业人员开具领取失业保险金的单证，失业人员凭单证到指定银行领取失业保险金。

第十七条　失业人员失业前所在单位和本人按照规定累计缴费时间满 1 年不足 5 年的，领取失业保险金的期限最长为 12 个月；累计缴费时间满 5 年不足 10 年的，领取失业保险金的期限最长为 18 个月；累计缴费时间 10 年以上的，领取失业保险金的期限最长为 24 个月。重新就业后，再次失业的，缴费时间重新计算，领取失业保险金的期限可以与前次失业应领取而尚未领取的失业保险金的期限合并计算，但是最长不得超过 24 个月。

第十八条　失业保险金的标准，按照低于当地最低工资标准、高于城市居民最低生活保障标准的水平，由省、自治区、直辖市人民政府确定。

第十九条　失业人员在领取失业保险金期间患病就医的，可以按照规定向社会保险经办机构申请领取医疗补助金。医疗补助金的标准由省、自治区、直辖市人民政府规定。

第二十条　失业人员在领取失业保险金期间死亡的，参照当地对在职职工的规定，对其家属一次性发给丧葬补助金和抚恤金。

第二十一条　单位招用的农民合同制工人连续工作满 1 年，本单位并已缴纳失业保险费，劳动合同期满未续订或者提前解除劳动合同的，由社会保险经办机构根据其工作时间长短，对其支付一次性生活补助。补助的办法和标准由省、自治区、直辖市人民政府规定。

第二十二条　城镇企业事业单位成建制跨统筹地区转移，失业人员跨统筹地区流动的，失业保险关系随之转迁。

第二十三条 失业人员符合城市居民最低生活保障条件的，按照规定享受城市居民最低生活保障待遇。

第四章 管理和监督

第二十四条 劳动保障行政部门管理失业保险工作，履行下列职责：

（一）贯彻实施失业保险法律、法规；

（二）指导社会保险经办机构的工作；

（三）对失业保险费的征收和失业保险待遇的支付进行监督检查。

第二十五条 社会保险经办机构具体承办失业保险工作，履行下列职责：

（一）负责失业人员的登记、调查、统计；

（二）按照规定负责失业保险基金的管理；

（三）按照规定核定失业保险待遇，开具失业人员在指定银行领取失业保险金和其他补助金的单证；

（四）拨付失业人员职业培训、职业介绍补贴费用；

（五）为失业人员提供免费咨询服务；

（六）国家规定由其履行的其他职责。

第二十六条 财政部门和审计部门依法对失业保险基金的收支、管理情况进行监督。

第二十七条 社会保险经办机构所需经费列入预算，由财政拨付。

第五章 罚则

第二十八条 不符合享受失业保险待遇条件，骗取失业保险金和其他失业保险待遇的，由社会保险经办机构责令退还；情节严重的，由劳动保障行政部门处骗取金额1倍以上3倍以下的罚款。

第二十九条 社会保险经办机构工作人员违反规定向失业人员开具领取失业保险金或者享受其他失业保险待遇单证，致使失业保险基金损失的，由劳动保障行政部门责令追回；情节严重的，依法给予行政处分。

第三十条　劳动保障行政部门和社会保险经办机构的工作人员滥用职权、徇私舞弊、玩忽职守，造成失业保险基金损失的，由劳动保障行政部门追回损失的失业保险基金；构成犯罪的，依法追究刑事责任；尚不构成犯罪的，依法给予行政处分。

第三十一条　任何单位、个人挪用失业保险基金的，追回挪用的失业保险基金；有违法所得的，没收违法所得，并入失业保险基金；构成犯罪的，依法追究刑事责任；尚不构成犯罪的，对直接负责的主管人员和其他直接责任人员依法给予行政处分。

第六章　附　　则

第三十二条　省、自治区、直辖市人民政府根据当地实际情况，可以决定本条例适用于本行政区域内的社会团体及其专职人员、民办非企业单位及其职工、有雇工的城镇个体工商户及其雇工。

第三十三条　本条例自发布之日起施行。1993 年 4 月 12 日国务院发布的《国有企业职工待业保险规定》同时废止。

六、企业职工生育保险试行办法

企业职工生育保险试行办法

劳部发〔1994〕504 号

第一条　为了维护企业女职工的合法权益，保障她们在生育期间得到必要的经济补偿和医疗保健，均衡企业间生育保险费用的负担，根据有关法律、法规的规定，制定本办法。

第二条　本办法适用于城镇企业及其职工。

第三条　生育保险按属地原则组织。生育保险费用实行社会统筹。

第四条　生育保险根据“以支定收，收支基本平衡”的原则筹集资金，由企业按照其工资总额的一定比例向社会保险经办机构缴纳生育保险费，建立生育保险基金。生育保险费的提取比例由当地人民政府根据计划内生育人数和生育津贴、生育医疗费等项费用确定，并可根据费用支出情况适时调整，但最高不得超过工资总额的1%。企业缴纳的生育保险费作为期间费用处理，列入企业管理费用。

职工个人不缴纳生育保险费。

第五条 女职工生育按照法律、法规的规定享受产假。产假期间的生育津贴按照本企业上年度职工月平均工资计发，由生育保险基金支付。

第六条 女职工生育的检查费、接生费、手术费、住院费和药费由生育保险基金支付。超出规定的医疗服务费和药费（含自费药品和营养药品的药费）由职工个人负担。

女职工生育出院后，因生育引起疾病的医疗费，由生育保险基金支付；其他疾病的医疗费，按照医疗保险待遇的规定办理。女职工产假期满后，因病需要休息治疗的，按照有关病假待遇和医疗保险待遇规定办理。

第七条 女职工生育或流产后，由本人或所在企业持当地计划生育部门签发的计划生育证明，婴儿出生、死亡或流产证明，到当地社会保险经办机构办理手续，领取生育津贴和报销生育医疗费。

第八条 生育保险基金由劳动部门所属的社会保险经办机构负责收缴、支付和管理。

生育保险基金应存入社会保险经办机构在银行开设的生育保险基金专户。银行应按照城乡居民个人储蓄同期存款利率计息，所得利息转入生育保险基金。

第九条 社会保险经办机构可从生育保险基金中提取管理费，用于本机构经办生育保险工作所需的人员经费、办公费及其他业务经费。管理费标准，各地根据社会保险经办机构人员设置情况，由劳动部门提出，经财政部门核定后，报当地人民政府批准。管理费提取比例最高不得超过生育保险基金的2%。

生育保险基金及管理费不征税、费。

第十条 生育保险基金的筹集和使用，实行财务预、决算制度，由社会保险经办机构作出年度报告，并接受同级财政、审计监督。

第十一条　市（县）社会保险监督机构定期监督生育保险基金管理工作。

第十二条　企业必须按期缴纳生育保险费。对逾期不缴纳的，按日加收2‰的滞纳金。滞纳金转入生育保险基金。滞纳金计入营业外支出，纳税时进行调整。

第十三条　企业虚报、冒领生育津贴或生育医疗费的，社会保险经办机构应追回全部虚报、冒领金额，并由劳动行政部门给予处罚。

企业欠付或拒付职工生育津贴、生育医疗费的，由劳动行政部门责令企业限期支付；对职工造成损害的，企业应承担赔偿责任。

第十四条　劳动行政部门或社会保险经办机构的工作人员滥用职权、玩忽职守、徇私舞弊，贪污、挪用生育保险基金，构成犯罪的，依法追究刑事责任；不构成犯罪的，给予行政处分。

第十五条　省、自治区、直辖市人民政府劳动行政部门可以按照本办法的规定，结合本地区实际情况制定实施办法。

第十六条　本办法自1995年1月1日起试行。

七、关于规范社会保险缴费基数有关问题的通知

关于规范社会保险缴费基数有关问题的通知

劳社险中心函〔2006〕60号

各省、自治区、直辖市社会保险经办机构，新疆生产建设兵团社会保险基金管理中心：

近年来，在劳动保障行政部门的正确领导和有关部门的大力支持下，各级社会保险经办机构认真贯彻落实《社会保险费征缴暂行条例》（国务院令第259号）、《社会保险稽核办法》（劳动保障部令第16号）和相关政策规定，努力做好社会保险费征缴申报审核和稽核工作，取得了明显成绩，促进了社会保险费的应收尽收。但是，随着社会主义市场经济体制的逐步建立和完善，我国所有制结构、就业方式和收入分配形式发生了很大变化，当前一些地区在社会保险缴费申报审核和稽核工作中，存在着执行政策不统一、审核不够

规范等问题，影响了缴费基数核定和稽核的整体效应。为做好新形势下社会保险缴费基数核定与稽核工作，现就规范社会保险费缴费基数有关问题通知如下：

一、关于缴费基数的核定依据

1990 年，国家统计局发布了《关于工资总额组成的规定》（国家统计局令第 1 号），之后相继下发了一系列通知对有关工资总额统计做出了明确规定，每年各省区市统计局在劳动统计报表制度中对劳动报酬指标亦有具体解释。这些文件都应作为核定社会保险缴费基数的依据。凡是国家统计局有关文件没有明确规定不作为工资收入统计的项目，均应作为社会保险缴费基数。

二、关于工资总额的计算口径

依据国家统计局有关文件规定，工资总额是指各单位在一定时期内直接支付给本单位全部职工的劳动报酬总额，由计时工资、计件工资、奖金、加班加点工资、特殊情况下支付的工资、津贴和补贴等组成。劳动报酬总额包括：在岗职工工资总额；不在岗职工生活费；聘用、留用的离退休人员的劳动报酬；外籍及港澳台方人员劳动报酬以及聘用其他从业人员的劳动报酬。

国家统计局“关于认真贯彻执行《关于工资总额组成的规定》的通知”（统制字〔1990〕1 号）中对工资总额的计算做了明确解释：各单位支付给职工的劳动报酬以及其他根据有关规定支付的工资，不论是计入成本的还是不计入成本的，不论是按国家规定列入计征奖金税项目的还是未列入计征奖金税项目的，均应列入工资总额的计算范围。

三、关于计算缴费基数的具体项目

根据国家统计局的规定，下列项目作为工资总额统计，在计算缴费基数时作为依据：

1. 计时工资，包括：

（1）对已完成工作按计时工资标准支付的工资，即基本工资部分。

（2）新参加工作职工的见习工资（学徒的生活费）。

（3）根据国家法律、法规和政策规定，因病、工伤、产假、计划生育假、婚丧假、事假、探亲假、定期休假、停工学习、执行国家或社会义务等原因按计时工资标准或计时工资标准的一定比例支付的工资。

（4）实行岗位技能工资制的单位支付给职工的技能工资及岗位（职务）工资。

（5）职工个人按规定比例缴纳的社会保险费、职工受处分期间的工资、浮动升级的工资等。

（6）机关工作人员的职务工资、级别工资、基础工资；工人的岗位工资、技术等级（职务）工资。

2. 计件工资，包括：

（1）实行超额累进计件、直接无限计件、限额计件、超定额计件等工资制，按劳动部门或主管部门批准的定额和计件单价支付给个人的工资。

（2）按工作任务包干方法支付给个人的工资。

（3）按营业额提成或利润提成办法支付给个人的工资。

3. 奖金，包括：

（1）生产（业务）奖包括超产奖、质量奖、安全（无事故）奖、考核各项经济指标的综合奖、提前竣工奖、外轮速遣奖、年终奖（劳动分红）等。

（2）节约奖包括各种动力、燃料、原材料等节约等。

（3）劳动竞赛奖包括发给劳动模范、先进个人的各种奖金。

（4）机关、事业单位各类人员的年终一次性奖金、机关工人的奖金、体育运动员的平时训练奖。

（5）其他奖金包括从兼课酬金和业余医疗卫生服务收入提成中支付的奖金，运输系统的堵漏保收奖，学校教师的教学工作量超额酬金，从各项收入中以提成的名义发给职工的奖金等。

4. 津贴，包括：

（1）补偿职工特殊或额外劳动消耗的津贴及岗位性津贴。包括：高空津贴、井下津贴、流动施工津贴、高温作业临时补贴、艰苦气象台（站）津贴、微波站津贴、冷库低温津贴、邮电人员外勤津贴、夜班津贴、中班津贴、班（组）长津贴、环卫人员岗位津贴、广播电视天线工岗位津贴、盐业岗位津贴、废品回收人员岗位津贴、殡葬特殊行业津贴、城市社会福利事业岗位津贴、环境监测津贴、课时津贴、班主任津贴、科研辅助津贴、卫生临床津贴和防检津贴、农业技术推广服务津贴、护林津贴、林业技术推广服务津贴、野生动物保护工作津贴、水利防汛津贴、气象服务津贴、地震预测预防津贴、技术监督工作津贴、口岸鉴定检验津贴、环境污染监控津贴、社会服务津贴、特殊岗位津贴、会计岗位津贴、野外津贴、水上作业津贴、艺术表演档次津贴、演出场次津贴、艺术人员工种补贴、、运动队班（队）干部驻队津贴、教练员培训津贴、运动员成绩津贴、运动员突出贡献津贴、责任目标津贴、领导职务津贴、岗位目标管理津贴、专业技术职务津贴、专业技术岗位津贴、技术等级岗位津贴、技术工人岗位津贴、普通工作作业津贴及其他为特殊行业和苦脏累险等特殊岗位设立的津贴。

机关工作人员岗位津贴。包括公安干警值勤津贴、警衔津贴、交通民警保健津贴、海关工作人员岗位津贴、审计人中外勤工作补贴、税务人员的税务征收津贴（包括农业税收）、工商行政管理人员外勤津贴、人民法院干警岗位津贴、人民检察院干警岗位津贴、司法助理员岗位津贴、监察、纪检部门办案人员补贴、人民武装部工作人员津贴、监狱劳教所干警健康补贴等。

（2）保健性津贴。包括卫生防疫津贴、医疗卫生津贴、科技保健津贴、农业事业单位发放的有毒有害保健津贴以及其他行业职工的特殊保健津贴等。

（3）技术性津贴。包括特级教师津贴、科研课题津贴、研究生导师津贴、工人技师津贴、中药老药工技术津贴、特殊教育津贴、高级知识分子特殊津贴（政府特殊津贴）等。

（4）年功性津贴。包括工龄工资、工龄津贴、教龄津贴和护士护龄津贴等。

（5）地区津贴。包括艰苦边远地区津贴和地区附加津贴等。

（6）其他津贴。例如：支付给个人的伙食津贴（火车司机和乘务员的乘务津贴、航行和空勤人员伙食津贴、水产捕捞人员伙食津贴补贴、汽车司机行车津贴、体育运动员和教练员伙食补助费、少数民族伙食津贴、小伙食单位补贴、单位按月发放的伙食补贴、补助或提供的工作餐等）、上下班交通补贴、洗理卫生费、书报费、工种粮补贴、过节费、干部行车补贴、私车补贴等。

5. 补贴，包括：为保证职工工资水平不受物价上涨或变动影响而支付的各种补贴，如副食品价格补贴、粮、油、蔬菜等价格补贴，煤价补贴、水电补贴、住房补贴、房改补贴等。

6. 加班加点工资。

7. 其他工资，如附加工资、保留工资以及调整工资补发的上年工资等。

8. 特殊项目构成的工资：

（1）发放给本单位职工的“技术交易奖酬金”。

（2）住房补贴或房改补贴。房改一次性补贴款，如补贴发放到个人，可自行支配的计入工资总额内；如补贴为专款专用存入专门的账户，不计入工资总额统计［国家统计局《关于房改补贴统计方法的通知》（统制字〔1992〕80 号文件）。

（3）单位发放的住房提租补贴、通信工具补助、住宅电话补助［国家统计局《关于印发 1998 年年报劳动统计新增指标解释及问题解答的通知》（国统办字〔1998〕120 号）］。

（4）单位给职工个人实报实销的职工个人家庭使用的固定电话话费、职工个人使用的手机费（不含因工作原因产生的通讯费，如不能明确区分公用、私用均计入工资总额）、职工个人购买的服装费（不包括工作服）等各种费用［国家统计局《关于印发 2002 年劳动统计年报新增指标解释及问题解答的通知》（国统办字〔2002〕20 号）］。

（5）为不休假的职工发放的现金或补贴［国家统计局《关于印发 2002 年劳动统计年报新增指标解释及问题解答的通知》（国统办字〔2002〕20 号）］。

（6）以下属单位的名义给本单位职工发放的现金或实物（无论是否计入本单位财务账目）［国家统计局《关于印发 2002 年劳动统计年报新增指标解释及问题解答的通知》（国统办字〔2002〕20 号）］。

（7）单位为职工缴纳的各种商业性保险［国家统计局《关于印发 2002 年劳动统计年报新增指标解释及问题解答的通知》（国统办字〔2002〕20 号）］。

（8）试行企业经营者年薪制的经营者，其工资正常发放部分和年终结算后补发的部分［国家统计局《关于印发2002年劳动统计年报新增指标解释及问题解答的通知》（国统办字〔2002〕20号）］。

（9）商业部门实行的柜组承包，交通运输部门实行的车队承包、司机个人承包等，这部分人员一般只需定期上交一定的所得，其余部分归己。对这些人员的缴费基数原则上采取全部收入扣除各项（一定）费用支出后计算［国家统计局《关于印发劳动统计问题解答的通知》（制司字〔1992〕39号）］。

（10）使用劳务输出机构提供的劳务工，其人数和工资按照“谁发工资谁统计”的原则，如果劳务工的使用方不直接支付劳务工的工资，而是向劳务输出方支付劳务费再由劳务输出方向劳务工支付工资，应由劳务输出方统计工资和人数；如果劳务工的使用方直接向劳务工支付工资，则应由劳务使用方统计工资和人数。输出和使用劳务工单位的缴费基数以谁发工资谁计算缴费基数的原则执行［国家统计局《关于印发2004年劳动统计年报新增指标解释及问题解答的通知》（国统办字〔2004〕48号）］。

（11）企业销售人员、商业保险推销人员等实行特殊分配形式参保人员的缴费基数原则上由各地依据国家统计局有关规定根据实际情况确定。

四、关于不列入缴费基数的项目

根据国家统计局的规定，下列项目不计入工资总额，在计算缴费基数时应予剔除：

（一）根据国务院发布的有关规定发放的创造发明奖、国家星火奖、自然科学奖、科学技术进步奖和支付的合理化建议和技术改进奖以及支付给运动员在重大体育比赛中的重奖。

（二）有关劳动保险和职工福利方面的费用。职工保险福利费用包括医疗卫生费、职工死亡丧葬费及抚恤费、职工生活困难补助、文体宣传费、集体福利事业设施费和集体福利事业补贴、探亲路费、计划生育补贴、冬季取暖补贴、防暑降温费、婴幼儿补贴（即托儿补助）、独生子女牛奶补贴、独生子女费、“六一”儿童节给职工的独生子女补贴、工作服洗补费、献血员营养补助及其他保险福利费。

（三）劳动保护的各种支出。包括工作服、手套等劳动保护用品，解毒剂、清凉饮料，以及按照国务院1963年7月19日劳动部等七单位规定的范围对接触有毒物质、矽尘作业、放射线作业和潜水、沉箱作业、高温作业这五类工种所享受的由劳动保护费开支的保健食品待遇。

（四）有关离休、退休、退职人员待遇的各项支出。

（五）支付给外单位人员的稿费、讲课费及其他专门工作报酬。

（六）出差补助、误餐补助。指职工出差应购卧铺票实际改乘座席的减价提成归己部分；因实行住宿费包干，实际支出费用低于标准的差价归己部分。

（七）对自带工具、牲畜来企业工作的从业人员所支付的工具、牲畜等的补偿费用。

（八）实行租赁经营单位的承租人的风险性补偿收入。

（九）职工集资入股或购买企业债券后发给职工的股息分红、债券利息以及职工个人技术投入后的税前收益分配。

（十）劳动合同制职工解除劳动合同时由企业支付的医疗补助费、生活补助费以及一次性支付给职工的经济补偿金。

（十一）劳务派遣单位收取用工单位支付的人员工资以外的手续费和管理费。

（十二）支付给家庭工人的加工费和按加工订货办法支付给承包单位的发包费用。

（十三）支付给参加企业劳动的在校学生的补贴。

（十四）调动工作的旅费和安家费中净结余的现金。

（十五）由单位缴纳的各项社会保险、住房公积金。

（十六）支付给从保安公司招用的人员的补贴。

（十七）按照国家政策为职工建立的企业年金和补充医疗保险，其中单位按政策规定比例缴纳部分。

五、关于统一缴费基数问题

（一）参保单位缴纳基本养老保险费的基数可以为职工工资总额，也可以为本单位职工个人缴费工资基数之和，但在全省区市范围内应统一为一种核定办法。

单位职工本人缴纳基本养老保险费的基数原则上以上一年度本人月平均工资为基础，在当地职工平均工资的60% ~300%的范围内进行核定。特殊情况下个人缴费基数的确定，按原劳动部办公厅关于印发《职工基本养老保险个人账户管理暂行办法》的通知（劳办发〔1997〕116号）的有关规定核定。以个人身份参保缴费基数的核定，根据各地贯彻《国务院关于完善职工基本养老保险制度的决定》（国发〔2005〕38号）的有关规定核定。

（二）参保单位缴纳基本医疗保险、失业保险、工伤保险、生育保险费的基数为职工工资总额，基本医疗保险、失业保险职工个人缴费基数为本人工资，为便于征缴可以以上一年度个人月平均为缴费基数。目前，一些地方为整合经办资源，实行社会保险费的统一征收和统一稽核，并将各险种单位和个人的缴费基数统一为单位和个人缴纳基本养老保险费的基数，这种做法方便了参保企业和参保人员，有利于提高稽核效率。

各级社会保险经办机构要按照本通知的规定规范社会保险缴费基数核定工作，要在规范的基础上，坚持标准，切实做好申报审核和日常稽核工作，维护广大参保人员的合法权益，确保社会保险费的应收尽收。

八、关于工伤保险费率问题的通知

关于工伤保险费率问题的通知

劳社部发〔2003〕29号

各省、自治区、直辖市劳动和社会保障厅（局）、财政厅（局）、卫生厅（局）、安全生产监督管理部门：

为贯彻实施《工伤保险条例》，合理确定工伤保险费率，促进工伤预防，实现工伤保险费用社会共济，经国务院批准，现就工伤保险费率问题通知如下：

一、关于行业划分根据不同行业的工伤风险程度，参照《国民经济行业分类》（GB/T4754—2002），将行业划分为三个类别：一类为风险较小行业，二类为中等风险行业，三类为风险较大行业。三类行业分别实行三种不同的工伤保险缴费率。统筹地区社会保险经办机构要根据用人单位的工商登记和主要经营生产业务等情况，分别确定各用人单位的行业风险类别。行业风险分类见附件。

二、关于费率确定

各省、自治区、直辖市工伤保险费平均缴费率原则上要控制在职工工资总额的1.0%左右。在这一总体水平下，各统筹地区三类行业的基准费率要分别控制在用人单位职工工资总额的0.5%左右、1.0%左右、1.5%左右。各统筹地区劳动保障部门要会同财政、卫生、安全监管部门，按照以支定收、收支平衡的原则，根据工伤保险费使用、工伤发生率、职业病危害程度等情况提出分类行业基准费率的具体标准，报统筹地区人民政府批准后实施。基准费率的具体标准可定期调整。

三、关于费率浮动

用人单位属一类行业的，按行业基准费率缴费，不实行费率浮动。用人单位属二、三类行业的，费率实行浮动。用人单位的初次缴费费率，按行业基准费率确定，以后由统筹地区社会保险经办机构根据用人单位工伤保险费使用、工伤发生率、职业病危害程度等因素，1～3年浮动一次。在行业基准费率的基础上，可上下各浮动两档：上浮第一档到本行业基准费率的120%，上浮第二档到本行业基准费率的150%，下浮第一档到本行业基准费率的80%，下浮第二档到本行业基准费率的50%。费率浮动的具体办法由各统筹地区劳动保障行政部门会同财政、卫生、安全监管部门制定。

各地要认真做好工伤保险相关数据的测算，合理确定行业基准费率，科学制定费率浮动的具体办法。要加强对工伤保险运行情况的监测，定期分析工伤保险费率对工伤保险制度运行的影响，重大问题及时上报。我们将定期了解工伤保险基金收支等情况，及时提出调整行业差别费率及行业内费率档次的方案，报国务院批准后公布施行。

附件：工伤保险行业风险分类表

工伤保险行业风险分类表

行业 类别	行业名称
一	银行业，证券业，保险业，其他金融活动业，居民服务业，其他服务业，租赁业，商务服务业，住宿业，餐饮业，批发业，零售业，仓储业，邮政业，电信和其他传输服务业，计算机服务业，软件业，卫生，社会保障业，社会福利业，新闻出版业，广播、电视、电影和音像业，文化艺术业，教育，研究与试验发展，专业技术业，科技交流和推广服务业，城市公共交通业。
二	房地产业，体育，娱乐业，水利管理业，环境管理业，公共设施管理业，农副食品加工业，食品制造业，饮料制造业，烟草制品业，纺织业，纺织服装、鞋、帽制造业，皮革、毛皮、羽绒及其制品业，林业，农业，畜牧业，渔业、农、林、牧、渔服务业，木材加工及木、竹、藤、草制品业，家具制造业，造纸及纸制品业，印刷业和记录媒介的复制，文教体育用品制造业，化学纤维制造业，医药制造业，通用机械制造业，专用机械制造业，交通运输设备制造业，电气机械及器材制造业，仪器仪表及文化，办公用机械制造业，非金属矿物制品业，金属制品业，橡胶制品业，塑料制品业，通信设备，计算机及其他电子设备制造业，工艺品及其他制造业，废弃资源和废旧材料回收加工业，电力、热力的生产和供应业，燃气生产和供应业，水的生产和供应业，房屋和土木工程建筑业，建筑安装业，建筑装饰业，其他建筑业，地质勘查业，铁路运输业，道路运输业，水上运输业，航空运输业，管道运输业，装卸搬运和其他运输服务业。
三	石油加工，炼焦及核心燃料加工业，化学原料及化学制品制造业，黑色金属冶炼及压延加工业、有色金属冶炼及压延加工业、石油和天然气开采业，黑色金属矿采选业，有色金属矿采选业，非金属矿采选业，煤炭开采和洗选业，其他采矿业。

九、社会保险稽核办法

社会保险稽核办法

劳动和社会保障部令第16号

2003年2月9日经劳动和社会保障部第16次部务会议通过，现予颁布，自2003年4月1日起施行。

二〇〇三年二月二十七日

第一条　为了规范社会保险稽核工作，确保社会保险费应收尽收，维护参保人员的合法权益，根据《社会保险费征缴暂行条例》和国家有关规定，制定本办法。

第二条　本办法所称稽核是指社会保险经办机构依法对社会保险费缴纳情况和社会保险待遇领取情况进行的核查。

第三条　县级以上社会保险经办机构负责社会保险稽核工作。县级以上社会保险经办机构的稽核部门具体承办社会保险稽核工作。

第四条　社会保险稽核人员应当具备以下条件：

（一）坚持原则，作风正派，公正廉洁；

（二）具备中专以上学历和财会、审计专业知识；

（三）熟悉社会保险业务及相关法律、法规，具备开展稽核工作的相应资格。

第五条　社会保险经办机构及社会保险稽核人员开展稽核工作，行使下列职权：

（一）要求被稽核单位提供用人情况、工资收入情况、财务报表、统计报表、缴费数据和相关账册、会计凭证等与缴纳社会保险费有关的情况和资料；

（二）可以记录、录音、录像、照相和复制与缴纳社会保险费有关的资料，对被稽核对象的参保情况和缴纳社会保险费等方面的情况进行调查、询问；

（三）要求被稽核对象提供与稽核事项有关的资料。

第六条　社会保险稽核人员承担下列义务：

（一）办理稽核事务应当实事求是，客观公正，不得利用工作之便谋取私利；

（二）保守被稽核单位的商业秘密以及个人隐私；

（三）为举报人保密。

第七条　社会保险稽核人员有下列情形之一的，应当自行回避：

（一）与被稽核单位负责人或者被稽核个人之间有亲属关系的；

（二）与被稽核单位或者稽核事项有经济利益关系的；

（三）与被稽核单位或者稽核事项有其他利害关系，可能影响稽核公正实施的。被稽核对象有权以口头形式或者书面形式申请有前款规定情形之一的人员回避。

稽核人员的回避，由其所在的社会保险经办机构的负责人决定。对稽核人员的回避做出决定前，稽核人员不得停止实施稽核。

第八条 社会保险稽核采取日常稽核、重点稽核和举报稽核等方式进行。

社会保险经办机构应当制定日常稽核工作计划，根据工作计划定期实施日常稽核。

社会保险经办机构对特定的对象和内容应当进行重点稽核。

对于不按规定缴纳社会保险费的行为，任何单位和个人有权举报，社会保险经办机构应当及时受理举报并进行稽核。

第九条 社会保险缴费情况稽核内容包括：

（一）缴费单位和缴费个人申报的社会保险缴费人数、缴费基数是否符合国家规定；

（二）缴费单位和缴费个人是否按时足额缴纳社会保险费；

（三）欠缴社会保险费的单位和个人的补缴情况；

（四）国家规定的或者劳动保障行政部门交办的其他稽核事项。

第十条 社会保险经办机构对社会保险费缴纳情况按照下列程序实施稽核：

（一）提前3日将进行稽核的有关内容、要求、方法和需要准备的资料等事项通知被稽核对象，特殊情况下的稽核也可以不事先通知；

（二）应有两名以上稽核人员共同进行，出示执行公务的证件，并向被稽核对象说明身份；

（三）对稽核情况应做笔录，笔录应当由稽核人员和被稽核单位法定代表人（或法定代表人委托的代理人）签名或盖章，被稽核单位法定代表人拒不签名或盖章的，应注明拒签原因；

（四）对于经稽核未发现违反法规行为的被稽核对象，社会保险经办机构应当在稽核结束后5个工作日内书面告知其稽核结果；

（五）发现被稽核对象在缴纳社会保险费或按规定参加社会保险等方面，存在违反法规行为，要据实写出稽核意见书，并在稽核结束后10个工作日内送达被稽核对象。被稽核对象应在限定时间内予以改正。

第十一条 被稽核对象少报、瞒报缴费基数和缴费人数，社会保险经办机构应当责令其改正；拒不改正的，社会保险经办机构应当报请劳动保障行政部门依法处罚。

被稽核对象拒绝稽核或伪造、变造、故意毁灭有关账册、材料迟延缴纳社会保险费的，社会保险经办机构应当报请劳动保障行政部门依法处罚。

社会保险经办机构应定期向劳动保障行政部门报告社会保险稽核工作情况。劳动保障行政部门应将社会保险经办机构提请处理事项的结果及时通报社会保险经办机构。

第十二条 社会保险经办机构应当对参保个人领取社会保险待遇情况进行核查，发现社会保险待遇领取人丧失待遇领取资格后本人或他人继续领取待遇或以其他形式骗取社会保险待遇的，社会保险经办机构应当立即停止待遇的支付并责令退还；拒不退还的，由劳动保障行政部门依法处理，并可对其处以500元以上1000元以下罚款；构成犯罪的，由司法机关依法追究刑事责任。

第十三条 社会保险经办机构工作人员在稽核工作中滥用职权、徇私舞弊、玩忽职守的，依法给予行政处分；构成犯罪的，依法追究刑事责任。

第十四条 本办法自2003年4月1日起施行。

十、《在中国境内就业的外国人参加社会保险暂行办法》公布实施

《在中国境内就业的外国人参加社会保险暂行办法》公布实施

为了维护在中国境内就业的外国人依法参加社会保险和享受社会保险待遇的合法权益，加强社会保险管理，根据《中华人民共和国社会保险法》我们制定了《在中国境内就业的外国人参加社会保险暂行办法》，经人力资源和社会保障部第67次部务会审议通过，并报国务院同意，现予公布，自2011

年10月15日起施行。

中华人民共和国人力资源和社会保障部令

第16号

《在中国境内就业的外国人参加社会保险暂行办法》已经人力资源和社会保障部第67次部务会审议通过，并经国务院同意，现予公布，自2011年10月15日起施行。

部长　尹蔚民

二○一一年九月六日

在中国境内就业的外国人参加社会保险暂行办法

第一条　为了维护在中国境内就业的外国人依法参加社会保险和享受社会保险待遇的合法权益，加强社会保险管理，根据《中华人民共和国社会保险法》（以下简称《社会保险法》），制定本办法。

第二条　在中国境内就业的外国人，是指依法获得《外国人就业证》《外国专家证》《外国常驻记者证》等就业证件和外国人居留证件，以及持有《外国人永久居留证》，在中国境内合法就业的非中国国籍的人员。

第三条　在中国境内依法注册或者登记的企业、事业单位、社会团体、民办非企业单位、基金会、律师事务所、会计师事务所等组织（以下简称“用人单位”）依法招用的外国人，应当依法参加职工基本养老保险、职工基本医疗保险、工伤保险、失业保险和生育保险，由用人单位和本人按照规定缴纳社会保险费。

与境外雇主订立雇用合同后，被派遣到在中国境内注册或者登记的分支机构、代表机构（以下称“境内工作单位”）工作的外国人，应当依法参加职工基本养老保险、职工基本医疗保险、工伤保险、失业保险和生育保险，由境内工作单位和本人按照规定缴纳社会保险费。

第四条　用人单位招用外国人的，应当自办理就业证件之日起30日内为其办理社会保险登记。

受境外雇主派遣到境内工作单位工作的外国人，应当由境内工作单位按照前款规定为其办理社会保险登记。

依法办理外国人就业证件的机构，应当及时将外国人来华就业的相关信息通报当地社会保险经办机构。社会保险经办机构应当定期向相关机构查询外国人办理就业证件的情况。

第五条　参加社会保险的外国人，符合条件的，依法享受社会保险待遇。

在达到规定的领取养老金年龄前离境的，其社会保险个人账户予以保留，再次来中国就业的，缴费年限累计计算；经本人书面申请终止社会保险关系的，也可以将其社会保险个人账户储存额一次性支付给本人。

第六条　外国人死亡的，其社会保险个人账户余额可以依法继承。

第七条　在中国境外享受按月领取社会保险待遇的外国人，应当至少每年向负责支付其待遇的社会保险经办机构提供一次由中国驻外使、领馆出具的生存证明，或者由居住国有关机构公证、认证并经中国驻外使、领馆认证的生存证明。

外国人合法入境的，可以到社会保险经办机构自行证明其生存状况，不再提供前款规定的生存证明。

第八条　依法参加社会保险的外国人与用人单位或者境内工作单位因社会保险发生争议的，可以依法申请调解、仲裁、提起诉讼。用人单位或者境内工作单位侵害其社会保险权益的，外国人也可以要求社会保险行政部门或者社会保险费征收机构依法处理。

第九条　具有与中国签订社会保险双边或者多边协议国家国籍的人员在中国境内就业的，其参加社会保险的办法按照协议规定办理。

第十条　社会保险经办机构应当根据《外国人社会保障号码编制规则》，为外国人建立社会保障号码，并发放中华人民共和国社会保障卡。

第十一条　社会保险行政部门应当按照社会保险法的规定，对外国人参加社会保险的情况进行监督检查。用人单位或者境内工作单位未依法为招用的外国人办理社会保险登记或者未依法为其缴纳社会保险费的，按照社会保险法、《劳动保障监察条例》等法律、行政法规和有关规章的规定处理。

用人单位招用未依法办理就业证件或者持有《外国人永久居留证》的外国人的，按照《外国人在中国就业管理规定》处理。

第十二条 本办法自2011年10月15日起施行。

附件：外国人社会保障号码编制规则

附件

外国人社会保障号码编制规则

外国人参加中国社会保险，其社会保障号码由外国人所在国家或地区代码、有效证件号码组成。外国人有效证件为护照或《外国人永久居留证》。所在国家或地区代码和有效证件号码之间预留一位。其表现形式为：

××× × ×××××××××××××××

有效证件号码

预留位

国家或地区代码

1. 外国人所在国家或地区代码按"ISO 3166－1－2006"国家及其地区的名称代码的第一部分国家代码规定的3位英文字母表示，如德国为DEU，丹麦DNK。遇国际标准升级时，人力资源和社会保障部统一确定代码升级时间。

取得在中国永久居留资格的外国人所在国家或地区代码与其所持《外国人永久居留证》号码中第1～3位的国家或地区代码一致（也为三位）。

2. 预留位1位，默认情况为0，在特殊情况时，可填写数字为1至9。

3. 编制使用外国人有效护照号码，应包含全部英文字母和阿拉伯数字，不包括其中的"."　"—"等特殊字符。编制使用《外国人永久居留证》号码，为该证件号码中第4～15位号码。

（1）以在我国某用人单位工作的持护照号G01234—56的德籍人员为例，其社会保障号码为：DEU0G0123456

国家或地区代码	预留位	有效护照号码
DEU	0	G0123456

（2）以在我国某用人单位工作的持《外国人永久居留证》号 DNK324578912056 的丹麦籍人员为例，其社会保障号码为：DNK0324578912056

国家或地区代码	预留位	《外国人永久居留证》号码
DNK	0	324578912056

4. 数据库对外国人社会保障号码预留 18 位长度（其中有效护照号码最多为 14 位）。编制号码不足 18 位的，不需要补足位数。

5. 外国人社会保障号码在中国唯一且终身不变。其证件号码发生改变时，以初次参保登记时的社会保障号码作为唯一标识，社会保险经办机构应对参保人员的证件类型、证件号码变更情况进行相应的记录。

十一、关于做好在我国境内就业的外国人参加社会保险工作有关问题的通知

关于做好在我国境内就业的外国人参加社会保险工作有关问题的通知

人社厅发〔2011〕113 号

各省、自治区、直辖市人力资源和社会保障厅（局），新疆生产建设兵团劳动保障局：

根据《中华人民共和国社会保险法》和《在中国境内就业的外国人参加社会保险暂行办法》（人社部令第 16 号，以下简称《暂行办法》）规定，现就做好在中国境内就业的外国人参加社会保险工作有关事宜通知如下：

一、依法将符合规定的外国人纳入参保范围

各地要严格执行社会保险法和《暂行办法》，于 2011 年 12 月 31 日前将符合条件的外国人纳入社会保险覆盖范围，督促用人单位和外国人按照现行法律法规参保并按时足额缴纳社会保险费。2011 年 10 月 15 日之前已经在中国境内就业，且符合参保条件的外国人，统一从 2011 年 10 月 15 日起参保缴费。2011 年 10 月 15 日至 12 月 31 日办理参保缴费手续的，免收其滞纳金。2012 年 1 月 1 日之后办理参保缴费手续的，从 2011 年 10 月 15 日起收取滞纳金。2011 年 10 月 15 日以后在中国境内就业的，从在中国境内就业开始之月

起参保缴费。用人单位申报外国人的缴费基数，统一按人民币形式申报。各地要按照有关政策规定，做好社会保险费收缴以及个人权益记录等工作。

二、完善外国人社会保险登记办理程序

各地要完善社会保险登记办理程序，方便用人单位为聘雇的外国人办理参保登记手续。驻华代表机构、外国常驻新闻机构、外国企业常驻代表机构等单位办理社会保险登记手续时，应要求其提供由中国主管部门颁发的批准设立文件及由中国质量技术监督部门颁发的组织机构代码证书等证明文件。

对于首次参保的外国人，应要求用人单位提供其本人有效护照、《外国人就业证》或《外国专家证》《外国常驻记者证》等就业证件（取得在中国永久居留资格的人员，应提供本人《外国人永久居留证》），以及劳动合同或派遣合同等证明材料，到用人单位参保所在地社保机构办理社会保险登记手续。经审核通过的，社保机构根据《外国人社会保障号码编制规则》，为其建立社会保障号码，发放社会保障卡。

具有与我国签订社会保险缴费双边或多边协议（或协定，以下简称“协议”）国家国籍的就业人员，在其依法获得在我国境内就业证件 3 个月内提供协议国出具参保证明的，应按协议规定免除其规定险种在规定期限内的缴费义务。对于依法获得在我国境内就业证件 3 个月后不能提供协议国出具的参保证明的，应按规定征收社会保险费并收取相应的滞纳金。对于协议之外的险种以及协议规定险种超过规定期限的，应要求其按规定缴纳社会保险费。

三、明确外国人参保的相关政策

在我国就业的外国人领取养老保险待遇的年龄，原则上按照现行退休年龄政策的相关规定执行。

外国人在我国境内发生的生育保险费用，由生育保险基金支付，具体办法由各省、自治区、直辖市确定。

四、优化和改进管理服务工作

各地要针对外国人参保的特点和具体情况，调整和优化业务经办规程和管理办法，改进管理服务方式。外国人就业较多的地区可印制外文版本的政策规定、办事指南等材料，方便用人单位和外国人办理参保和待遇核定等手续，并提供有中英文对照的社会保险权益记录；有条件的地区，可为外国人参保提供外语咨询服务。要统一调整相关用表（相关表格调整指标见附件），及时完善社会保险数据库，尽快在社会保险业务管理系统中实现外国人参保的业务办理。加强基础信息数据的采集与维护，保障参保人员信息的准确和安全。加快社会保障卡发放进度，方便外国人参保缴费和信息查询。建立外国人参保数据定期上报机制，支持查询和分析服务。

社保机构要加强与当地就业部门的业务联系，建立就业与社保信息交换共享机制，通过信息网络第一时间获取外国人就业信息，为督促聘雇外国人的用人单位和外国人办理参保手续提供基础信息。同时，要建立与外国专家局以及公安、文化、民政等部门的协作机制，实现部门间信息共享机制，及时掌握外国人入境、离境和在国内就业等情况。

建立部级外国人参保信息查询系统，各地社保机构可通过人力资源社会保障业务专网查询外国人办理《外国人就业证》《外国专家证》和其他国家提供的为该国在中国就业人员出具的参保证明以及外国人在中国参保及社会保障号码等信息。

外国人参保数据上报、信息查询的具体内容和系统方案另行制定。

五、加强工作调度和监督检查

各地要建立外国人参保工作的调度制度，按照规定的时间统一上报外国人参保工作进展情况，我部将定期进行通报。要加大对聘雇外国人的用人单位参保缴费情况的监督检查力度，建立经常性检查工作机制，对外国人就业相对集中的企业要进行重点检查，对拒不参保的，依法处理，确保社会保险法的真正落实。

做好在我国境内就业的外国人参加社会保险工作，事关我国法律实施的权威性和严肃性。各级人力资源和社会保障部门要从政治和全局的角度予以高度重视，认真组织贯彻落实。要及时收集并重视网络和媒体舆情，坚持正确的舆论导向，通过电视、网络等媒体，运用多种形式，加强对外国人参保政策要点的宣传，公开参保缴费、待遇核定等经办程序，有条件的地区要到外国人就业相对较多的企业进行政策讲解，送政策上门，使参保单位和外国人能够及时准确了解相关政策内容，依法履行参保缴费义务。已经开展外国人参保的地区，要按照社会保险法和《暂行办法》的规定，调整相关政策，做好政策和经办管理的衔接工作。对工作中发现的问题要及时向人力资源和社会保障部报告。

附件：在中国境内就业的外国人参保涉及社会保险相关用表及调整指标

二〇一一年十二月二日

附件

在中国境内就业的外国人参保涉及社会保险相关用表及调整指标

一、社会保险登记表

“单位类型”增加基金会、律师事务所、会计师事务所、驻华代表机构、外国常驻新闻机构、外国企业常驻代表机构。

二、参保人员基本情况表

（一）“姓名”：对于外国人，填写与有效护照一致的英文名字。

（二）“国籍”调整为“国籍/地区”：填写外国人所在国家或地区名称。

（三）填加“证件类型”：外国人填写“护照”或“外国人永久居留证”。

（四）填加“证件号码”：外国人填写居留证号码或护照号码。

（五）“公民身份号码”调整为“社会保障号码”：外国人为按照统一编码规则编制的社会保障号码。

（六）填加“就业证件类型”：外国人填写《外国人就业证》《外国专家证》《外国常驻记者证》等有效就业证件。取得永久居留权的外国人，本项为空。

（七）填加“就业证件登记时间”：填写上述证件中签署的登记时间。

参保人员基本情况表中的民族、个人身份、用工形式、参加工作日期、视同缴费年限、实际缴费年限、从事特殊工种等项目，外国人不填。

三、基本养老保险参保缴费凭证

“户籍地”填写外国人所在国家或地区名称。

四、基本养老保险关系转移接续信息表

“户籍地地址”填写外国人所在国家或地区名称。

五、参保人员终止社会保险关系申请表

主要内容：

（一）参保人员基本情况：个人编号、姓名、性别、社会保障号码、国籍或地区、单位编号、单位名称、终止关系年月。

（二）申请人须知：主要告知政策依据、个人相关权益。

（三）个人申请：主要内容有自愿申领养老保险个人账户储存额、清算医疗保险个人账户、终止社保关系等。

（四）社保机构审核意见：明确是否符合办理条件（加盖公章）。

（五）说明：办理时需提供的材料、个人账户清单打印等情况。

十二、关于发布《社会保险费及其他基金规费文书式样》的公告

关于发布《社会保险费及其他基金规费文书式样》的公告

国家税务总局公告2015年第98号

国家税务总局公告2018年第31号修订

为进一步加强和规范税务机关社会保险费、残疾人就业保障金及其他基金规费征管工作，方便缴费人履行缴费义务，提高税务机关服务质量和征管效率，国家税务总局制定了《社会保险费及其他基金规费文书式样》，现予公布。

本公告适用于税务机关负责征收社会保险费及其他相关基金规费地区。

本公告自公布之日起施行，《国家税务总局关于印发税务机关征收社会保险费表证单书（样式）的通知》（国税函〔2005〕891号）中附件2、附件3、附件4、附件5、附件6、附件7、附件8、附件9同时废止。

特此公告。

国家税务总局

二〇一五年十二月三十一日

关于《国家税务总局关于发布〈社会保险费及其他基金规费文书式样〉的公告》（以下简称《公告》）的政策解读

一、《公告》是在什么背景下出台的？

税务总局2005年发布了《国家税务总局关于印发税务机关征收社会保险费表证单书（样式）的通知》（国税函〔2005〕891号文件，以下简称“891号文件”），距今已有十年，文件部分内容陈旧，已不能适应各地税务机关税务征管工作实际。为了进一步规范社会保险费征管、统一流程、适应征管信息化需要，国家税务总局制定了《社会保险费及其他基金规费文书式样〉的公告》并公布。

二、《公告》中文书修订的基本原则是什么？

此次发布《公告》，整理汇总了社会保险费、残疾人就业保障金及其他基金规费征收管理工作中涉及缴费单位（个人）与扣缴义务人权利、义务的登记、申报、检查及执法类文书。此次文书修订兼顾了目前各地社保规费全责征收与非全责征收、明细申报与非明细申报的实际情况，基本原则是便于操作、简单明确、实用规范，同时最大限度减轻缴费单位（个人）办费负担、提升税务机关征管效能。

三、《公告》涵盖的范围是什么？

《公告》主要是社会保险费及相关基金规费登记、申报、检查及执法环节文书，同时，为配合财政部、国家税务总局、中国残疾人联合会联合印发的《残疾人就业保障金征收使用管理办法》（财税〔2015〕72号），我们将残疾人就业保障金文书也纳入修订范围。《公告》共有33张文书，分为四个部分：第一部分是登记类（编号简称“DJ”）文书，共5张，包含缴费登记、变更登记、注销登记表等。第二部分是申报类（编号简称“SB”），文书共8张，包含社会保险费缴费申报表、申报明细报表、申报结算表、残疾人就业保障金类申报表等。第三部分是检查类（编号简称“JC”）文书，共3张，包括评估（检查）通知书、约谈通知书、实地核查通知书等。第四部分是执法类（编号简称“ZF”）文书，共18张，包括限期缴纳通知书、提供担保通知书、征收决定书、处罚决定书等。

四、《公告》中的文书有 30 余张，会不会增加缴费人填写负担?

《公告》修订之初，就充分考虑到简化填写。在满足各地税务机关信息采集需要前提下，大多数信息仅需在缴费单位（个人）办理登记时一次性填写，且所有文书将列入《税收征管规范》目录，可通过计算机采集信息。缴费单位在办理社会保险费缴费登记时，仅需填写 1 ~ 2 张文书；灵活就业人员办理社会保险登记时仅需填写 1 张文书。随着地方税务机关网上办费业务的逐步推广，缴费单位（个人）填报信息基本不需要亲自到办税服务大厅填写，大多数通过互联网皆可办理。

因为全国各地税务机关征收社会保险的征收流程及环节存在差异，为了确保《公告》的适用性，本次修订归纳了不同征管模式地区适用文书，申报类文书中有 4 张文书适用社会保险费明细申报地区；检查类及执法类文书是税务机关开展评估（检查）及执法时适用，并不涉及所有缴费单位（个人）。

附件：社会保险费及其他基金规费文书式样（略）

十三、国家税务总局关于印发税务机关征收社会保险费表证单书（样式）的通知

国家税务总局关于印发税务机关征收社会保险费表证单书（样式）的通知

国税函〔2005〕891 号

1. 依据税总发〔2005〕160 号 国家税务总局关于印发《税务机关征收社会保险费及其他基金规费管理类文书式样》的通知，附件 10、附件 11、附件 12、附件 13、附件 14 自 2015 年 12 月 31 日起废止。

2. 依据国家税务总局公告 2015 年第 98 号 国家税务总局关于发布《社会保险费及其他基金规费文书式样》的公告，本法规附件 2、附件 3、附件 4、附件 5、附件 6、附件 7、附件 8、附件 9 自 2015 年 12 月 31 日起失效。

河北、内蒙古、辽宁、黑龙江、江苏、浙江、安徽、福建、湖北、湖南、

广东、海南、重庆、云南、陕西、甘肃、青海省（自治区、直辖市）及宁波、厦门市地方税务局：

为加强税务机关社会保险费征管工作，进一步规范税务机关和缴费人的社会保险费征缴行为及其相关的表证单书，现将税务机关征收社会保险费的有关表证单书（样式）印发给你们，请参照执行。

各地在使用过程中，如发现问题请及时上报总局（所得税管理司），传真电话：010－63417974。

附件：1. 税务机关征收社会保险费表证单书目录（略）

2. 社会保险费单位缴费登记表（略）

3. 社会保险费个人缴费登记表（略）

4. 社会保险费缴费变更登记表（略）

5. 社会保险费缴费注销登记表（略）

6. 社会保险费单位缴费申报表（略）

7. 社会保险费个人缴费申报表（略）

8. 社会保险费限期缴纳通知书（略）

9. 社会保险费缴费检查通知书（略）

10. 社会保险费缴费检查结论（略）

11. 社会保险费缴费检查处理决定书（略）

12. 社会保险费强制执行申请书（略）

13. 社会保险费文书送达回证（略）

14. 社会保险费征收情况统计表

国家税务总局

二〇〇五年九月十五日

十四、国家税务总局关于税务机关征收社会保险费工作的指导意见

国家税务总局关于税务机关征收社会保险费工业的指导意见

国税发〔2002〕124号

各省、自治区、直辖市和计划单列市地方税务局：

近年来，根据国务院《社会保险费征缴暂行条例》规定和省级人民政府的决定，由地方税务局征收社会保险费的地区不断增多。目前，全国已有17个省、自治区、直辖市和2个计划单列市地方税务局征收社会保险费，体现了国务院和各级人民政府对税务机关的高度信任和充分肯定。最近，国务院领导对税务机关征收社会保险费问题做出明确指示，要求税务机关统一思想，提高认识，切实做好社会保险费征收管理工作。为贯彻落实国务院领导的指示精神，进一步加强和推动税务机关社会保险费征收管理工作，保证社会保险费收入及时、足额入库，为实现“两个确保”提供有力资金保障，现就税务机关的社会保险费征收管理工作，提出如下意见：

一、充分认识做好社会保险费征收管理工作的重要意义

建立和完善社会保障体系，是实践江泽民总书记“三个代表”重要思想，发展有中国特色社会主义市场经济和应对加入WTO后新形势的必然要求。建立稳定、可靠的社会保障基金筹措机制，是建立和完善有中国特色社会保障体系，实现“两个确保”的首要前提。因此，社会保险费征收管理工作做得好坏，直接关系到广大人民群众的切身利益，关系到深化改革、经济发展和社会稳定的大局。税务机关肩负着筹集国家财政资金、调节社会收入分配、支持改革开放、促进经济发展的重要职能，经过多年实践，积累了大量和丰富的征管经验，培养和锻炼出一支作风过硬、业务精熟、能打硬仗的干部队伍。同时，由于熟悉和了解企业生产经营、工资水平、人员变化、财务收支等情况，使税务机关征收社会保险费具有明显优势，有利于保证和加大社会保险费征收力度。另外，税务机关通过征收社会保险费，扩大了收入规模，更多地参与同广大人民群众切身利益密切相关的政治、经济和社会事务，有

利于提高自身的地位，发挥更大的积极作用。征收社会保险费是税务机关义不容辞的职责和义务，是税务机关贯彻落实“三个代表”重要思想和为国分忧的具体体现。因此，各级税务机关一定要充分认识到征收社会保险费的重要意义。已经负责征收社会保险费的税务机关，要认真履行国务院和地方政府赋予的职责，不辱使命，把这项工作作为一项政治任务，切实抓紧、抓好。尚未承担社会保险费征收任务的税务机关，要以积极的态度创造条件，争取早日接手这项工作，为实践“三个代表”重要思想，推动改革深入，促进经济发展，维护社会稳定，进一步完善我国社会保障体系，实现“两个确保”做出应有的贡献。

二、切实加强对社会保险费征收管理工作的领导

对于税务机关，社会保险费征收管理工作是一项全新的业务，虽然与税收征管有一些共同的方面，但也有较多的不同之处，特别在起步阶段，面临着诸多矛盾和困难。因此，能否做好社会保险费征管工作，关键在于领导重视与否。事实证明，凡是领导重视的地方，社会保险费征收管理工作就开展得比较好，工作成效较大，存在问题较少；反之，社会保险费征收管理工作矛盾较为突出，工作难有起色。各级税务机关的领导一定要以高度的政治责任心和历史使命感，从关乎今后长远发展的战略高度，重视并支持社会保险费的征收管理工作。实行税务机关征收社会保险费的地区，要将其纳入税务部门重要议事日程，从组织机构、人员、经费上给予充分保证，切实把这项工作做好。各级税务机关要实行“一把手负责制”，主要领导要深入实际和基层，研究和解决社会保险费征收管理工作中存在的困难和问题，制定切实可行的征管方案并落到实处，为做好社会保险费征收管理工作创造良好和必要的环境与条件。

三、积极做好税务机关征收社会保险费的宣传工作

征收社会保险费涉及千家万户，关系到广大人民群众的切身利益，同时，又与各个部门联系紧密。因此，大力加强宣传工作是做好社会保险费征收管理工作的重要基础。

（一）各级税务机关要主动向当地党政领导反映和宣传。已经接手社会保

险费征收管理工作的地区，要通过有分析、有数据、有对比、有说服力的宣传，积极向各级党政领导反映税务机关征收管理的优势、取得的成绩、征管工作的艰辛以及遇到的困难和问题，提出进一步做好工作的意见和建议，以获得党政领导的肯定和支持。尚未接手这项工作的地区，要通过积极宣传，使党政领导认识到税务机关征收社会保险费的优势和效果，促使其尽快把社会保险费征收管理工作交给税务机关。

（二）要向社会广为宣传，使社会各方面了解税务机关征收社会保险费的艰辛、成效以及做好工作的态度和决心，从而让社会关心、了解和支持税务机关征收社会保险费工作。

（三）要向广大缴费人进行宣传。通过各种形式多样、生动活泼的宣传，使缴费人知晓缴纳社会保险费与自身利益密切相关，熟悉缴纳社会保险费的有关规定、程序和方法，了解税务机关是征收社会保险费的主体，认识到缴纳社会保险费的重要意义，从而营造出良好的社会保险费征缴氛围，减少税务机关征收管理工作的阻力和压力。

为此，各地每年至少要整理出两篇以上宣传税务机关征收社会保险费成效和经验的报道材料，通过报纸、杂志、电台、电视台等新闻媒介刊播，加大宣传力度。

四、坚决贯彻落实依法征收社会保险费的原则

依法行政是税务机关在实际工作中贯彻落实依法治国方略的必然要求。税务机关依法行政的具体表现形式是依法治税和依法征费。因此，依法征费、规范执法，是各级税务机关在社会保险费征管工作中必须始终坚持的原则。首先，在社会保险费各项征收管理工作中，要认真贯彻落实国务院《社会保险费征缴暂行条例》的有关规定。其次，规范征费行为。通过制定和完善有关征收管理制度及办法，使社会保险费征收、管理和检查等各项工作有章可循，使其逐步规范化。再次，要严格执法，依法征费，应收尽收，坚决不收“过头费”。在组织社会保险费收入和清缴欠费过程中，正确和有效地运用加收滞纳金、处罚等手段，维护法律、法规严肃性。

五、大力加强和推进社会保险费征收管理信息化建设

科技加管理是今年税收工作的主题。近年来，国家税务总局党组一直强调要融会贯通地做好“依法治税、从严治队和科技加管理”三篇文章，其中，科技加管理是“依法治税、从严治队”的重要保证。只有做好“科技加管理”，大力加强和推进信息化建设，才能更好地实现“依法治税”和“从严治队”。在社会保险费征管工作中，同样要做好这三篇文章。税务机关征收社会保险费的实践充分证明，加强和推进社会保险费征管信息化建设，有利于克服税务部门人员少、任务重的矛盾，规范社会保险费各项征管工作，对于提高社会保险费征管质量和效率，科学、合理地确定缴费基数和收入计划，扩大征缴覆盖面，加强与社会保险经办机构以及劳动保障、财政、银行等有关部门之间的工作联系，有着极为重要的意义和作用。因此，各级税务机关一定要把社会保险费征管信息化建设作为一项重要的基础性工作抓紧、抓好。在充分利用目前税务机关信息化建设成果的基础上，根据实际工作需要，大力加强和推进社会保险费征收管理信息化建设，避免重复和浪费。

六、主动加强部门之间的协作配合

社会保险费征收管理工作是一项系统工程，涉及劳动保障、财政、银行等多个部门，任何一个部门工作没有衔接好，都会对征管全局产生不利影响，降低征管效率和质量。只有部门间形成整体合力，理顺工作关系，减少推诿扯皮，才能做好各项征管工作。当前，尤其要做好征管衔接工作，处理好征收数据资料的交换、整理工作，力求准确、高效，为提高征收质量奠定良好的基础。因此，各级税务机关要增强全局观念，识大体，顾大局，讲团结，求谅解，重协作，在社会保险费征收管理工作中，主动与有关部门沟通、协调，实事求是地说明情况，提出解决问题的意见和建议，争取理解和支持，确保社会保险费各项征管工作的顺利开展。

七、突出征管工作重点抓好管理

根据目前社会保险费工作分工情况，税务机关的主要职责和任务是认真贯彻执行政策，做好各项征收管理工作。为此，各级税务机关要抓住社会保险费征管工作中的重点和难点，争取年年有所突破。只有强化征收管理，才

能使上劲、使好劲。从各地反映的情况看，当前工作要着重解决好以下问题：

（一）积极推动社会保险费集中、统一征收

国务院《社会保险费征缴暂行条例》规定：社会保险费实行基本养老保险费、基本医疗保险费和失业保险费（以下简称“三费”）集中、统一征收。征收主体只能是税务机关，或者只能是社会保险经办机构。目前有些地区由两个机构共同征收社会保险费，不利于社会保险费征缴工作的开展。这些地区的税务机关要积极向当地政府反映，求得理解和支持，尽快实现“三费”集中、统一征收，有条件的地区也可实行“五费”统收。

（二）加强社会保险费费源管理

税务机关要全面掌握和了解社会保险费费源分布情况，摸清有效费源和重点费源，做到心中有数。要建立重点费源大户档案，将缴费数额较大的企业作为重点监控户管理，随时掌握其费源变化情况。同时，利用税务机关熟悉企业财务状况以及具有较强的征管力量等优势，结合税收征管、稽查以及所得税汇算清缴工作，定期对缴费人数、缴费基数等申报资料进行检查核实，确保费源真实。

（三）加强社会保险费缴费基数核实工作

缴费基数的确定既关系到社会保险费征收工作的全局，也关系到缴费人的切身利益。因此，税务机关应紧密结合征收管理做好这项工作。目前，要着重解决缴费基数不实的问题，认真核实参保户数和参保人数，凡与缴费基数相关的项目，如缴费人数、缴费工资总额等，都应严格、仔细核定，确保真实和准确。

（四）积极参与做好社会保险费征收计划的制订工作

目前一些地方税务机关尚未参与制订社会保险费征收计划，从而给征收工作带来被动。为此，税务机关要发挥熟悉缴费单位和缴费个人相关情况等优势，求得地方党政领导的理解和支持，学习和借鉴浙江、广东、福建等地的经验，积极参与并做好征收计划的制订工作。要对参保户数、缴费单位、费率、缴费人数等情况进行认真、仔细核对，发现问题要及时与有关部门沟通，以取得共识，实事求是地制定社会保险费征收计划。

（五）加大社会保险费清欠力度

各级税务机关根据当地政府规定负责清理欠费的，要采取切实有效措施，加大清欠力度。要根据实际情况，对欠费实行分类管理，先清新欠，再清陈欠，把由于缴费人消亡等原因造成的死欠情况与有关部门沟通，协商解决办法，采取有效处理措施。对欠费大户，尤其是欠缴千万元以上的企业作为清欠重点，实行监控督缴制度。要根据清欠对象的实际缴费能力，督促企业制定补缴欠费计划，按月督缴，定期公布欠费情况和追缴情况。

八、加强社会保险费调查研究工作

税务机关征收社会保险费是一项新的工作，时间较短，实际困难和问题较多，特别是社会保险费的征收和管理脱节，各地社会保险费政策不统一、征管不规范，部门之间需要做大量协调工作等，影响了税务机关社会保险费征收管理工作的质量和效率。为此，各级税务机关要根据当前工作中的突出问题，抓住主要矛盾，积极开展调查研究，提出完善《社会保险费征缴暂行条例》的意见和建议。同时，要善于向有关地区学习，汲取好的经验和做法，为我所用，取长补短，共同提高，不断探索社会保险费征收管理工作的新路子。

国家税务总局

二〇〇二年九月二十九日

十五、国家税务总局关于印发《税务机关征收社会保险费及其他基金规费管理类文书式样》的通知

国家税务总局关于印发《税务机关征收社会保险费及其他基金规费管理类文书式样》的通知

税总发〔2015〕160 号

各省、自治区、直辖市和计划单列市国家税务局、地方税务局：

为进一步加强税务机关社会保险费、残疾人就业保障金及其他基金规费征管工作，规范税务机关征缴行为，现将《税务机关征收社会保险费及其他

基金规费管理类文书式样》印发给你们，请参照执行。使用过程中如遇到问题请及时向税务总局（所得税司）反映。

本通知适用于税务机关负责征收社会保险费及其他相关基金规费地区。

自本通知发布之日起，《国家税务总局关于印发税务机关征收社会保险费表证单书（样式）的通知》（国税函〔2005〕891 号）中附件 10、附件 11、附件 12、附件 13、附件 14 废止。

国家税务总局

二〇一五年十二月三十一日

十六、国务院办公厅关于全面推进生育保险和职工基本医疗保险合并实施的意见

国务院办公厅关于全面推进生育保险和职工基本医疗保险合并实施的意见

国办发〔2019〕10 号

各省、自治区、直辖市人民政府，国务院各部委、各直属机构：

全面推进生育保险和职工基本医疗保险（以下统称“两项保险”）合并实施，是保障职工社会保险待遇、增强基金共济能力、提升经办服务水平的重要举措。根据《中华人民共和国社会保险法》有关规定，经国务院同意，现就两项保险合并实施提出以下意见。

一、指导思想

以习近平新时代中国特色社会主义思想为指导，全面贯彻党的十九大和十九届二中、三中全会精神，认真落实党中央、国务院决策部署，统筹推进“五位一体”总体布局和协调推进“四个全面”战略布局，坚持以人民为中心，牢固树立新发展理念，遵循保留险种、保障待遇、统一管理、降低成本的总体思路，推进两项保险合并实施，实现参保同步登记、基金合并运行、征缴管理一致、监督管理统一、经办服务一体化。通过整合两项保险基金及管理资源，强化基金共济能力，提升管理综合效能，降低管理运行成本，建

立适应我国经济发展水平、优化保险管理资源、实现两项保险长期稳定可持续发展的制度体系和运行机制。

二、主要政策

（一）统一参保登记。参加职工基本医疗保险的在职职工同步参加生育保险。实施过程中要完善参保范围，结合全民参保登记计划摸清底数，促进实现应保尽保。

（二）统一基金征缴和管理。生育保险基金并入职工基本医疗保险基金，统一征缴，统筹层次一致。按照用人单位参加生育保险和职工基本医疗保险的缴费比例之和确定新的用人单位职工基本医疗保险费率，个人不缴纳生育保险费。同时，根据职工基本医疗保险基金支出情况和生育待遇的需求，按照收支平衡的原则，建立费率确定和调整机制。

职工基本医疗保险基金严格执行社会保险基金财务制度，不再单列生育保险基金收入，在职工基本医疗保险统筹基金待遇支出中设置生育待遇支出项目。探索建立健全基金风险预警机制，坚持基金运行情况公开，加强内部控制，强化基金行政监督和社会监督，确保基金安全运行。

（三）统一医疗服务管理。两项保险合并实施后实行统一定点医疗服务管理。医疗保险经办机构与定点医疗机构签订相关医疗服务协议时，要将生育医疗服务有关要求和指标增加到协议内容中，并充分利用协议管理，强化对生育医疗服务的监控。执行基本医疗保险、工伤保险、生育保险药品目录以及基本医疗保险诊疗项目和医疗服务设施范围。

促进生育医疗服务行为规范。将生育医疗费用纳入医保支付方式改革范围，推动住院分娩等医疗费用按病种、产前检查按人头等方式付费。生育医疗费用原则上实行医疗保险经办机构与定点医疗机构直接结算。充分利用医保智能监控系统，强化监控和审核，控制生育医疗费用不合理增长。

（四）统一经办和信息服务。两项保险合并实施后，要统一经办管理，规范经办流程。经办管理统一由基本医疗保险经办机构负责，经费列入同级财政预算。充分利用医疗保险信息系统平台，实行信息系统一体化运行。原有生育保险医疗费用结算平台可暂时保留，待条件成熟后并入医疗保险结算平台。完善统计信息系统，确保及时全面准确反映生育保险基金运行、待遇享受人员、待遇支付等方面情况。

（五）确保职工生育期间的生育保险待遇不变。生育保险待遇包括《中华人民共和国社会保险法》规定的生育医疗费用和生育津贴，所需资金从职工基本医疗保险基金中支付。生育津贴支付期限按照《女职工劳动保护特别规定》等法律法规规定的产假期限执行。

（六）确保制度可持续。各地要通过整合两项保险基金增强基金统筹共济能力；研判当前和今后人口形势对生育保险支出的影响，增强风险防范意识和制度保障能力；按照“尽力而为、量力而行”的原则，坚持从实际出发，从保障基本权益做起，合理引导预期；跟踪分析合并实施后基金运行情况和支出结构，完善生育保险监测指标；根据生育保险支出需求，建立费率动态调整机制，防范风险转嫁，实现制度可持续发展。

三、保障措施

（一）加强组织领导。两项保险合并实施是党中央、国务院做出的一项重要部署，也是推动建立更加公平更可持续社会保障制度的重要内容。各省（自治区、直辖市）要高度重视，加强领导，有序推进相关工作。国家医保局、财政部、国家卫生健康委要会同有关方面加强工作指导，及时研究解决工作中遇到的困难和问题，重要情况及时报告国务院。

（二）精心组织实施。各地要高度重视两项保险合并实施工作，按照本意见要求，根据当地生育保险和职工基本医疗保险参保人群差异、基金支付能力、待遇保障水平等因素进行综合分析和研究，周密组织实施，确保参保人员相关待遇不降低、基金收支平衡，保证平稳过渡。各省（自治区、直辖市）要加强工作部署，督促指导各统筹地区加快落实，2019 年年底前实现两项保险合并实施。

（三）加强政策宣传。各统筹地区要坚持正确的舆论导向，准确解读相关政策，大力宣传两项保险合并实施的重要意义，让社会公众充分了解合并实施不会影响参保人员享受相关待遇，且有利于提高基金共济能力、减轻用人单位事务性负担、提高管理效率，为推动两项保险合并实施创造良好的社会氛围。

国务院办公厅

二〇一九年三月六日

十七、国务院办公厅关于印发降低社会保险费率综合方案的通知

国务院办公厅关于印发降低社会保险费率综合方案的通知

国办发〔2019〕13 号

各省、自治区、直辖市人民政府，国务院各部委、各直属机构：

《降低社会保险费率综合方案》已经国务院同意，现印发给你们，请认真贯彻执行。

降低社会保险费率，是减轻企业负担、优化营商环境、完善社会保险制度的重要举措。各地区各有关部门要以习近平新时代中国特色社会主义思想为指导，全面贯彻党的十九大和十九届二中、三中全会精神，坚持稳中求进工作总基调，坚持新发展理念，统筹考虑降低社会保险费率、完善社会保险制度、稳步推进社会保险费征收体制改革，密切协调配合，抓好工作落实，确保企业特别是小微企业社会保险缴费负担有实质性下降，确保职工各项社会保险待遇不受影响、按时足额支付。

国务院办公厅

二〇一九年四月一日

降低社会保险费率综合方案

为贯彻落实党中央、国务院决策部署，降低社会保险（以下简称“社保”）费率，完善社保制度，稳步推进社保费征收体制改革，制定本方案。

一、降低养老保险单位缴费比例

自 2019 年 5 月 1 日起，降低城镇职工基本养老保险（包括企业和机关事业单位基本养老保险，以下简称“养老保险”）单位缴费比例。各省、自治区、直辖市及新疆生产建设兵团（以下统称“省”）养老保险单位缴费比例

高于16%的，可降至16%；目前低于16%的，要研究提出过渡办法。各省具体调整或过渡方案于2019年4月15日前报人力资源和社会保障部、财政部备案。

二、继续阶段性降低失业保险、工伤保险费率

自2019年5月1日起，实施失业保险总费率1%的省，延长阶段性降低失业保险费率的期限至2020年4月30日。自2019年5月1日起，延长阶段性降低工伤保险费率的期限至2020年4月30日，工伤保险基金累计结余可支付月数在18～23个月的统筹地区可以现行费率为基础下调20%，累计结余可支付月数在24个月以上的统筹地区可以现行费率为基础下调50%。

三、调整社保缴费基数政策

调整就业人员平均工资计算口径。各省应以本省城镇非私营单位就业人员平均工资和城镇私营单位就业人员平均工资加权计算的全口径城镇单位就业人员平均工资，核定社保个人缴费基数上下限，合理降低部分参保人员和企业的社保缴费基数。调整就业人员平均工资计算口径后，各省要制定基本养老金计发办法的过渡措施，确保退休人员待遇水平平稳衔接。

完善个体工商户和灵活就业人员缴费基数政策。个体工商户和灵活就业人员参加企业职工基本养老保险，可以在本省全口径城镇单位就业人员平均工资的60%～300%之间选择适当的缴费基数。

四、加快推进养老保险省级统筹

各省要结合降低养老保险单位缴费比例、调整社保缴费基数政策等措施，加快推进企业职工基本养老保险省级统筹，逐步统一养老保险参保缴费、单位及个人缴费基数核定办法等政策，2020年年底前实现企业职工基本养老保险基金省级统收统支。

五、提高养老保险基金中央调剂比例

加大企业职工基本养老保险基金中央调剂力度，2019年基金中央调剂比例提高至3.5%，进一步均衡各省之间养老保险基金负担，确保企业离退休人员基本养老金按时足额发放。

六、稳步推进社保费征收体制改革

企业职工基本养老保险和企业职工其他险种缴费，原则上暂按现行征收体制继续征收，稳定缴费方式，“成熟一省、移交一省”；机关事业单位社保费和城乡居民社保费征管职责如期划转。人力资源社会保障、税务、财政、医保部门要抓紧推进信息共享平台建设等各项工作，切实加强信息共享，确保征收工作有序衔接。妥善处理好企业历史欠费问题，在征收体制改革过程中不得自行对企业历史欠费进行集中清缴，不得采取任何增加小微企业实际缴费负担的做法，避免造成企业生产经营困难。同时，合理调整 2019 年社保基金收入预算。

七、建立工作协调机制

国务院建立工作协调机制，统筹协调降低社保费率和社保费征收体制改革相关工作。县级以上地方政府要建立由政府负责人牵头，人力资源社会保障、财政、税务、医保等部门参加的工作协调机制，统筹协调降低社保费率以及征收体制改革过渡期间的工作衔接，提出具体安排，确保各项工作顺利进行。

八、认真做好组织落实工作

各地区各有关部门要加强领导，精心组织实施。人力资源和社会保障部、财政部、税务总局、国家医保局要加强指导和监督检查，及时研究解决工作中遇到的问题，确保各项政策措施落到实处。

十八、国家税务总局关于认真落实降低社会保险费率政策的通知

国家税务总局关于认真落实降低社会保险费率政策的通知

税总发〔2019〕50 号

国家税务总局各省、自治区、直辖市和计划单列市税务局，国家税务总局驻各地特派员办事处，局内各单位：

为深入贯彻落实党中央、国务院决策部署和国务院常务会议、降低社会保险费率工作会议精神，按照国务院办公厅印发的《降低社会保险费率综合方案》（以下简称《方案》）要求，确保各项政策落实落地，现就有关事项通

知如下：

一、切实提升政治站位，把思想和行动统一到党中央、国务院的决策部署上来

（一）充分认识降低社会保险费率的重要意义。降低社会保险费率，是减轻企业负担、优化营商环境、完善社会保险制度的重要举措。各级税务机关要从讲政治的高度，充分认识这项工作的重要意义，切实把思想和行动统一到党中央、国务院的决策部署上来，进一步增强落实好降低社会保险费率政策的责任感、使命感、紧迫感，确保各项政策2019年5月1日如期实施、落实落地。

（二）深入学习领会《方案》精神。各级税务机关要认真学习、深刻领会《方案》主要内容，全面理解、牢牢把握降低社会保险费率的政策要点。尤其要准确把握、严格落实好关于“不得采取任何增加小微企业实际缴费负担的做法，不得自行对企业历史欠费进行集中清缴，务必使企业特别是小微企业社保缴费负担有实质性下降”的工作要求，确保各项工作平稳推进、平稳落地。

（三）切实加强对落实降低社会保险费率政策的组织领导。落实降低社会保险费率政策时间紧、任务重，涉及面广、情况复杂，社会关注度高。各级税务机关要切实加强组织领导，“一把手”要负总责，亲自指挥，亲自部署，亲自协调，亲自推动；分管领导要具体负责，一个地区一个地区、一类事一类事、一个阶段一个阶段抓好落实。要将降低社会保险费率工作纳入减税降费的“大盘子”，在减税降费办公室成立社保费工作组，完善“一竿子插到底”的指挥系统和工作机制，实现降费与减税工作一起部署、一起落实。社保费工作组要发挥专业优势，积极主动作为，各职能部门要大力支持配合，形成工作合力。

二、分类明确职责任务，有针对性地抓好重点工作

（四）社保核定税务征收地区。由税务机关按照社会保险经办机构传递的缴费信息开展征收工作的地区，税务机关要着力赏调人力资源社会保障、医疗保障部门，落实稳定缴费方式的有关要求，确保征收工作平稳、社会预期稳定。

（五）企业向税务机关申报缴费地区。由缴费人自行向税务机关申报缴费的地区，税务机关要协调人力资源社会保障、医疗保障部门，做好缴费人的政策宣传和辅导，确保缴费人能够按照降低社会保险费率政策进行申报缴费。

（六）其他地区。尚未征收企业职工基本养老保险和企业职工其他险种缴费地区的税务机关要落实好降低机关事业单位基本养老保险费率政策，积极做好相关征收和核算工作。

三、扎实做好征管服务，确保降低社会保险费率政策落地落实落细

（七）加强宣传辅导。各级税务机关要协调人力资源社会保障、医疗保障等部门，通过新闻媒体、门户网站、专题辅导等多种渠道，用喜闻乐见的形式，做好降低社会保险费率政策的宣传和辅导工作，及时回应缴费人关切。要正确引导社会舆论，为落实降低社会保险费率政策营造良好的社会氛围。

（八）强化业务培训。各级税务机关要高度重视业务培训工作。税务总局将组织“一竿子插到底”的视频培训。各级税务机关都要结合本地实际，加强税务干部业务培训，使税务干部尤其是一线征管服务人员能够熟练掌握和切实执行好降低社会保险费率政策。要同步加强 12366 纳税服务热线业务人员培训，及时准确回答缴费人咨询。

（九）优化征收流程。各级税务机关要按照“简明易行好操作”的要求，根据本地降低社会保险费率和社会平均工资计算口径调整情况，优化申报、缴费具体流程，切实提升申报征收工作效率。

（十）完善信息系统。各级税务机关要适应降低社会保险费率的工作要求，按照税务总局的统一部署，及时升级优化社会保险费征收相关信息系统，及时调整参数设置，确保满足降低社会保险费率后的工作需要。要会同人力资源社会保障、医疗保障等部门，尽快完善信息共享平台。

（十一）优化缴费服务。各级税务机关要按照“放管服”改革要求，积极拓展线上、线下缴费方式，为缴费人提供多样化缴费渠道，便利缴费人缴费。要充分利用好人力资源社会保障、医疗保障部门现有缴费渠道，为缴费人提供“一站式”经办和缴费服务，进一步提升缴费人获得感。

（十二）开展降费核算。各级税务机关要按照税务总局关于降费核算工作

的部署，协调同级人力资源社会保障、医疗保障部门，做好降低社会保险费率政策效应分析工作。要精细核算降费情况，并与相关部门建立对账机制，确保降费核算结果准确、口径一致。

四、严明工作要求，强化落实降低社会保险费率政策的工作保障

（十三）加强考核指导。各级税务机关要自觉接受、主动配合纪委监委、审计等部门的监督。要将下级税务机关落实降低社会保险费率政策情况纳入绩效考评。要加强调研指导，及时发现和整改工作中存在的问题，帮助基层解决实际困难，推动落实好降低社会保险费率政策。

（十四）争取支持配合。各级税务机关要在各级政府负责人牵头的工作协调机制下，加强与相关部门的协作配合，协商解决工作中的重点难点问题，协同做好降低社会保险费率各项工作。要主动向党委政府及相关部门沟通汇报落实降低社会保险费率的做法、成效以及问题、困难和意见建议，争取理解和支持，努力营造良好的工作氛围。

（十五）严肃工作纪律。各级税务机关要认真落实国务院降低社会保险费率的统一部署及税务总局减税降费的有关要求，对在落实降低社会保险费率政策措施中不作为、慢作为、乱作为，导致政策执行不到位，或者因工作不当造成重大不良影响的，要依规依纪严肃处理。

（十六）跟踪反馈落实。各级税务机关要建立问题快速响应机制，畅通上下沟通渠道。对本省落实工作进展情况、取得成效及工作中遇到的重要问题或重大事项，及时向税务总局（社保费和非税收入工作领导小组）报告。

国家税务总局

二〇一九年四月四日

十九、国家税务总局关于进一步做好减税降费政策落实工作的通知

国家税务总局关于进一步做好减税降费政策落实工作的通知

税总发〔2019〕54 号

国家税务总局各省、自治区、直辖市和计划单列市税务局，国家税务总局驻

各地特派员办事处，局内各单位：

今年以来，各级税务机关坚决贯彻党中央、国务院关于减税降费的决策部署，真抓实干，采取一系列过硬措施，确保个人所得税第二步改革顺利推进、小微企业普惠性减税政策及时落地、深化增值税改革平稳实施、社保费及非税收入降费准备工作有序推进，实现了2019年减税降费工作的良好开局。为进一步深入贯彻党中央、国务院决策部署，统筹做好2019年新出台和以前年度已实施的减税降费政策落实工作，更好服务经济社会发展大局，现就有关工作通知如下：

一、进一步深刻认识全面落实减税降费政策的重要性

各级税务机关要深刻认识到，无论是今年新出台的减税降费政策还是往年已实施的减税政策，都是深化供给侧结构性改革、增强市场主体活力、服务经济高质量发展的重要举措，任何一项政策落实不力都会直接影响纳税人和缴费人的获得感，都会直接影响整个减税降费工作的成效。因此，落实好新老减税降费政策都是税务部门必须抓实抓细抓好的重大政治任务、硬任务。各级税务机关要在具体落实过程中，合理安排、统筹调度资源和力量，确保新政策和老政策不折不扣落实到位，确保打好新政策加力和老政策固力的“组合拳”，既不能让新出台政策“打白条”，也不能让已有老政策打折扣，确保所有减税降费政策措施全面落实到位。

二、进一步细致做好减税降费政策的梳理工作

各级税务机关既要对新政策“了然于胸”，也要对老政策“心中有数”，确保政策落实工作无缺失、无漏项、无死角。税务总局正在抓紧编辑修订《税收优惠政策汇编》，对国家统一规定的所有现行有效的税收优惠政策进行系统地归类梳理，完成后将尽快下发给各地税务机关参考。各地税务机关也要细致梳理地方政府依据国家授权制定的本地区适用的税收优惠政策，形成税收优惠政策清册，逐项对照抓好落实。

三、进一步精准抓好减税降费政策的宣传辅导

各级税务机关在对2019年出台的新政策开展全覆盖、多轮次宣传辅导的同时，也要重视对以前年度出台的老政策的宣传辅导工作，针对落实中暴露

出来的弱项、短板，采取更具针对性的方法开展宣传辅导，务求高质量、好效果。4 月底前，各地税务机关要组织好第三轮减税降费宣传辅导工作，对新老政策统筹开展深入细致的答疑解惑。对适用范围广、普惠性强的政策，继续通过门户网站、手机 APP、微信、短信等渠道，进一步扩大宣传覆盖面，加深纳税人和缴费人对政策的知晓度和掌握度；对优惠对象界定明确、适用范围指向具体，特别是采取“名单式”管理的减免税政策，要通过加强沟通协作、推进信息共享等方式，主动向有关部门全面了解掌握适用政策的纳税人名单，进一步将政策“点对点”“面对面”地精准推送到户、精细辅导到位；对在执行中反映问题较多、落实难度较大的政策，要通过专门走访、专题座谈、专项辅导等方式，与纳税人和缴费人进行互动式沟通交流，加深对政策的理解，并积极查找政策执行中的症结，有针对性地加以改进，推进政策更好地落实落地。

四、进一步提高享受减税降费政策的便利性

近年来，税务系统“放管服”改革不断深入，陆续取消了若干涉及减税降费的税务证明事项，大幅精简了减免税办理流程，多次扩展了“最多跑一次”范围，大量压缩了需要纳税人提交的资料，大部分事前备案事项改为留存备查，税收优惠政策管理方式向简便易行方向明显转变。以前年度出台实施的税收优惠政策虽然内容没有变化，但操作更为简便，纳税人享受更加便利。各级税务机关要牢固树立以纳税人和缴费人为中心的服务理念，进一步贯彻落实简政放权要求，严格按照新的管理方式、征管流程，落实好各项减税降费政策。特别是对老政策也要按新要求来抓落实，绝不能固守老习惯、照搬老办法，坚决杜绝变相增设管理要求、增加享受难度、增添办理负担的情况发生，确保纳税人和缴费人及时、便利、充分享受政策红利。

五、进一步扎实全面做好减税降费政策核算分析

各级税务机关在做好 2019 年新增减税降费政策统计核算工作的同时，对以前年度出台的优惠政策要继续按照相关工作规范做好统计核算工作。要进一步完善数据质量保障机制，不断提高前端源头数据的准确性，理顺数据核查、会审、差错数据更正等后端纠错业务流程，切实提高减税降费数据统计

质量。同时，要进一步加强减免税分析，力求全面、及时、准确、深入，确保新政策和老政策的运行情况都能得到完整反映，实施成效都能得到充分展现。

六、进一步加强减税降费政策执行情况反馈

各级税务机关既要密切跟踪新政策实施情况，也要持续关注老政策执行效果，持续完善税收政策执行情况反馈机制，及时反映政策实施中存在的问题和意见建议。要重点选取执行中操作性不强、受益面有限、纳税人获得感不明显，以及减免税数据反映落实情况异常的政策，开展深入调研、深度剖析，分门别类查找原因，认真研究“对症施策”的有效办法，积极提出意见建议。对偶发性、局部性的问题，要立足本地实际，及时研究采取有针对性的解决措施；对多发性、普遍性的问题，要及时向上级税务机关反映报告，并提出解决问题的意见建议。税务总局相关业务部门对各渠道反映的减税降费政策执行问题，要抓紧研究、及时应对。对能够通过文件明确的，要及时制发文件；对适宜通过问答方式回应的，要及时发布问答口径；对征管操作问题，要及时提出处理意见；对政策调整问题，要积极会同有关部门认真研究，有力有效推动各项减税降费政策在落实中不断完善，在完善中更好落实。

国家税务总局

二〇一九年四月十二日

二十、人力资源和社会保障部 财政部 税务总局 国家医保局关于贯彻落实《降低社会保险费率综合方案》的通知

人力资源和社会保障部　财政部　税务总局　国家医保局
关于贯彻落实《降低社会保险费率综合方案》的通知

人社部发〔2019〕35号

各省、自治区、直辖市及新疆生产建设兵团人力资源社会保障厅（局）、财政厅（局）、医保局，计划单列市人力资源社会保障局、财政局、医保局，国家税务总局各省、自治区、直辖市和计划单列市税务局：

为做好《降低社会保险费率综合方案》（以下简称《方案》）的贯彻落实工作，现将有关事项通知如下：

一、深入学习领会《方案》精神

降低社会保险费率是党中央、国务院做出的重大决策部署，是实施更大规模减税降费措施的重要内容，是应对经济下行压力的重要举措，对于减轻企业负担、激发微观主体活力、促进经济增长具有重要作用，事关改革发展稳定全局。各级人力资源社会保障、财政、税务、医疗保障部门要高度重视，认真组织学习，深刻领会《方案》精神，进一步提高对降低社会保险费率重要性、必要性和紧迫性的认识，切实把思想和行动统一到党中央、国务院的决策部署上来，采取有效措施抓好落实，务必使企业特别是小微企业缴费负担有实质性下降。

二、抓紧研究制定实施办法并做好组织实施工作

各地要根据《方案》精神和要求，结合本地实际情况，在党委、政府的领导下制定本地区实施办法，在组织领导、具体任务、政策措施、工作进度、监督检查等方面做出周密部署，层层压实责任，紧扣时间节点，对标对表加以推进。要严格执行《方案》有关规定，各地政策要规范统一，防止政策多样，严禁“边规范，边突破”。各部门要在党委（党组）领导下，紧紧围绕降费目标，统筹研究，明确职责，迅速行动，制定本部门的工作方案，并按照工作方案要求抓好组织实施，确保各项政策有效落地落细。

三、准确把握《方案》的有关政策

（一）关于降低养老保险单位缴费比例。各地企业职工基本养老保险单位缴费比例高于16%的，可降至16%；低于16%的，要研究提出过渡办法。省内单位缴费比例不统一的，高于16%的地市可降至16%；低于16%的，要研究提出过渡办法。目前暂不调整单位缴费比例的地区，要按照公平统一的原则，研究提出过渡方案。各地机关事业单位基本养老保险单位缴费比例可降至16%。

（二）关于继续阶段性降低失业保险费率。自2019年5月1日起，实施失业保险总费率1%的省份，延长阶段性降低失业保险费率的期限至2020年4

月30日。

（三）关于继续阶段性降低工伤保险费率。按照《人力资源和社会保障部 财政部关于阶段性降低社会保险费率的通知》（人社部发〔2018〕25号）已纳入降费范围的统筹地区，原则上继续实施，保持力度不减。此前未纳入降费范围但截至2018年底累计结余可支付月数达到阶段性降费条件的统筹地区，要按规定下调费率，确保将符合条件的统筹地区全部纳入降费范围。阶段性降费率期间，费率确定后，一般不做调整。

（四）关于调整就业人员平均工资计算口径。各省应以本省城镇非私营单位就业人员平均工资和城镇私营单位就业人员平均工资加权计算的全口径城镇单位就业人员平均工资，核定社保个人缴费基数上下限，合理降低部分参保人员和企业的社保缴费基数。调整就业人员平均工资计算口径后，为保证新退休人员待遇水平平稳衔接，人力资源和社会保障部、财政部将提出基本养老金计发办法的过渡措施，并加强对各地的指导。

（五）关于完善个体工商户和灵活就业人员缴费基数政策。个体工商户和灵活就业人员参加企业职工基本养老保险，按照调整计算口径后的本地全口径城镇单位就业人员平均工资，核定社保个人缴费基数上下限，允许缴费人在60%～300%之间选择适当的缴费基数，以减轻其缴费负担、促进参保缴费。

（六）关于加快推进企业职工基本养老保险省级统筹。各地要逐步统一养老保险政策，完善省级统筹制度，为全国统筹打好基础。2020年年底前实现企业职工基本养老保险基金省级统收统支。人力资源和社会保障部、财政部将印发关于推进省级统筹的具体指导意见。

（七）关于提高企业职工基本养老保险基金中央调剂比例。为进一步均衡各省份之间养老保险基金负担，逐步提高企业职工基本养老保险基金中央调剂比例，确保企业离退休人员基本养老金按时足额发放，2019年基金中央调剂比例提高至3.5%。具体工作由人力资源和社会保障部、财政部另行部署。

（八）关于稳步推进社保费征收体制改革。企业职工基本养老保险和企业职工其他险种缴费，原则上暂按现行征收体制继续征收，稳定缴费方式，“成熟一省、移交一省”；机关事业单位社保费和城乡居民社保费征管职责如期划转。人力资源社会保障、税务、财政、医保部门要抓紧推进信息共享平台建设等各项工作，切实加强信息共享，确保征收工作有序衔接。各地要按照要求，合理调整2019年社会保险基金收入预算。妥善处理好企业历史欠费问题，在征收体制改革过程中不得自行对企业历史欠费进行集中清缴，不得采取任何增加小微企业实际缴费负担的做法，避免造成企业生产经营困难，务必使企业特别是小微企业社保缴费负担有实质性下降。

四、各部门在政府协调机制下加强协作配合

各级人力资源社会保障、财政、税务、医疗保障等部门，要在地方政府的领导下，完善降低社会保险费率及征收体制改革工作协调机制，切实加强部门协作配合，协商解决社会保险费征管工作中的重点、难点问题。畅通工作协调机制，统筹做好降低社会保险费率以及征收体制改革过渡期间的工作衔接，提出具体工作安排，确保各项工作顺利进行。

五、科学做好降费核算工作

各地要共同做好社保降费政策落实情况的统计核算和效应分析，做到“心中有数”“底账清晰”。要协同提高数据质量，为做好社保降费核算奠定数据基础。要协商建立统计核算分析体系，不断提高社保降费核算的全面性、准确性、时效性，确保客观反映降费效果。要联合开展社保降费政策实施情况评估，及时向上级部门报告政策运行及效应分析情况。

六、全面开展宣传工作

各地要组织各方力量，紧跟时代步伐，聚焦全媒体时代和媒体融合发展，丰富宣传形式，拓宽宣传渠道，注重宣传实效，宣传好降低社会保险费率的重大意义，总体筹划，突出重点，正确引导舆论，为社保降费政策落实落地营造良好的舆论氛围。统一明确宣传口径，紧扣时间节点，确保宣传步调一致，依托权威媒体，进一步提高社会参与度和知晓度，准确解读各项政策，针对群众关切问题解疑释惑。

七、逐级抓实培训工作

各地要充分认识进一步加强《方案》学习培训的重要性、紧迫性和长期性，针对不同类型、不同层级、不同岗位人员，做好培训安排，创新培训方式，不断增强学习培训的针对性、实效性。人力资源和社会保障部、税务总局已举办落实《方案》专题培训班，对省级人力资源和社会保障部门、税务部门进行联合培训，组织集中研讨。各地也要结合实际，集中组织开展不同层次的业务培训工作，帮助相关工作机构和工作人员全面、准确理解掌握政策，明确操作流程和具体要求，提高贯彻《方案》的政策水平和业务能力。

各地要加强组织领导和工作指导，周密安排部署，采取有力措施，抓好组织实施，层层压实责任，及时掌握实施情况，认真分析遇到的情况和问题，研究提出解决办法，确保各项工作平稳进行。要从本地实际出发，注重动态跟踪，认真排查风险点，制定相关预案，把工作做实做细，确保社保待遇不受影响、养老金足额发放，维护参保人合法权益，保持社会稳定。遇有重大情况和问题要及时报告人力资源和社会保障部、财政部、税务总局、国家医保局。

人力资源和社会保障部　财政部

国家税务总局　国家医保局

二〇一九年四月二十八日

二十一、人力资源和社会保障部关于废止《社会保险登记管理暂行办法》的决定

人力资源和社会保障部关于废止《社会保险登记管理暂行办法》的决定

中华人民共和国人力资源和社会保障部令第 39 号

《人力资源和社会保障部关于废止〈社会保险登记管理暂行办法〉的决定》已经 2019 年 4 月 22 日人力资源和社会保障部第 24 次部务会审议通过，现予公布，自公布之日起生效。

部 长 张纪南

二〇一九年四月二十八日

人力资源和社会保障部关于废止《社会保险登记管理暂行办法》的决定

为了推进“多证合一、一照一码”登记制度改革，根据《国务院办公厅关于加快推进与政务服务“一网通办”不相适应的法规规章修订等工作的通知》（国办函〔2018〕69号）要求，人力资源和社会保障部决定，对《社会保险登记管理暂行办法》（劳动和社会保障部令第1号）予以废止。本决定自公布之日起生效。